紫微明鏡「內篇」《上》

更上一層樓

——十四正曜縱橫談

陳雪濤／著

紫微明鏡「內篇」《上册》

——更上一層樓——十四正曜縱橫談

目錄

【上册】

紫微明鏡「內篇」——十四正曜縱橫談

當初步理解十四正曜的基本星情，並對星曜的類象性質，有了一定程度的掌握後，便須對十四正曜的星系結構，有更深刻之體會，是以有此十四正曜縱橫談。

十四主星之屬性：

一、紫微　陰土　信

二、天機　陰木　仁

三、太陽　陽火　禮

四、武曲　陰金　義

五、天同　陽水　智

六、廉貞　陰火　禮

七、天府　陽土　信

八、太陰　陰水　智

九、貪狼　陽木（外）陽水（內）仁、智

十、巨門　陰土（外）陰金（內）信、義

十一、天相　陽水　智

十二、天梁　陽土　信

十三、七殺　陰金　義

十四、破軍　陰水　智

《紫微明鏡》「內篇」前言

十四正曜的星情，其實是根源於星系之間的聯繫，並依此而逐步發展至理論圓滿。這些星情，也就是紫微斗數的星系邏輯學說。

「內篇」的主旨，是以一星曜的意義為本，闡釋其他正曜分佈十二宮垣時，因安星排佈的規律不同，而有種種不同的尅應、變化。也可以說，是從最微細的角度，去思考每一星曜的各個面目，從而更精緻地掌握每星曜的星情意義。因此，是更上層樓的斗數心法。

有志於研究紫微斗數的人士，宜先讀好「外篇」部份。

「外篇」所談的內容，其實已經是推斷斗數時常用的心法，也是雪濤用以教授學生的部份講義，可謂極為難得一見，讀者宜再三珍惜。

「內篇」則是斗數星情性質與邏輯學說的發揮，也是理解紫微斗數星系的研究專書。

「內篇」的立論，可謂甚為精微，亦是耗去不少心血的資料，既為雪濤門內授課的講義，亦是雪濤近年研究紫微斗數的心得。

若能專心讀好「外篇」部份，然後再進修「內篇」，則入門已正，且能有一個正確的斗數思維方向。若以此為根基，再縱深地去作研究，則對斗數的星曜掌握和推理，便能更有系統地增益也矣。

歲在昭陰協洽生朝日雪濤寫於香港課堂

十二宮詳說

㈠命宮

紫微斗數的十二宮定義，有廣狹之別。

命宮乃是推算一個人的命運遭遇，成敗得失亦由此宮窺看爲主。

命宮在排佈十二宮時，最先排出。然後依次列出父母、福德、田宅、事業……等。是推斷命運的一個重點宮垣。

基本上可以說：專視命宮的星曜組合，就此星曜三方所遇合的情形，一個人的運勢得失，幾乎可以立即判定出來。因此，命宮是任何人命盤中的一個重要宮垣。

由安星所安立的命宮，其實並未真的可以立下判決——判定一個人的一生命運。因為，這只是原局的命宮星曜所顯示出的吉凶性質而已。

在行經不同的大運時，亦有不同的大運命宮。在大運命宮內，又分別排佈十二宮，依順時針方向，即為「命宮、父母、福德……」。而在不同的流年，又有不同的流年命宮，乃至十二宮的性質。

是以，任何一個人想精通斗數的推斷法則，首要記熟「命、父、福、田、事、友、遷、疾、財、子、妻、兄」，依順時針方向，依次排列十二宮。

不同的星曜，行經不同的宮垣，自會有不同的尅應。

這是由於十四正曜分成兩組——「殺破狼」星系與「機月同梁」

星系的交相行度，又有十干四化的發動，加上流年不同的流曜飛泊的影響等等，而有吉凶不一的變化。

命宮講的是命運遭遇，但不一定直接僅由命宮一個宮位，就能夠反映出一個人的吉凶成敗。

很多時，推斷出來的結果甚為間接，而且複雜。

如原局命宮祿權科會，但兄弟宮欠佳，在大運兄弟宮又有火鈴沖疊，至流年時又有煞曜沖入，而命宮仍然疊祿疊權。表示自己在流年會有得權得祿之遭遇，不要以為其人就一定可以在流年中得到利益、得到權力。

如果不懂得趨避，甚至會是確然得到權祿臨身，但在最盛勢之時，受同行、同事排擠排斥。結果自己不能與人維持良好關係，逼不得已，被迫要自動辭職。

因此，自己命宮的本宮與三方會吉，不一定真的主吉。必須另詳由四化發動出來的種種變化，以及三方、六合、鄰宮等等會合流曜沖疊的影響，才能推斷得準確。

正確的理解—在一個斗數盤中，仍以命宮為主，看三方、相夾、六合、四化等等的交錯影響，由原局命宮的本質去追看各大運、流年所遇的情況，去逐步推察。最要謹記的是：不可僅以命宮一宮來決定成敗吉凶，應旁察各宮的影響。

命宮必與遷移宮相對，三方必會事業宮與財帛宮。這個必然的組合，正好反映出影響著一個人的命運，是個人命運的遭遇和本質，以及當時潮流大勢所趨，再加上其人的處事手法以及對於回報的價值觀等等，這便是命宮、遷移、事業及財帛宮所賦予的意義。

在複雜的世界中，人事變化繁多，很多時猝生變化而致影響一生命運的事，未必真的由命宮、事業宮、財帛宮及遷移宮找到蛛絲馬跡出來。

如與人合作投資，卻誤交損友而致全軍覆沒，這便是由兄弟宮的發動而帶來莫大的打擊挫折，不由命宮、事業、財帛和遷移宮等發動。因此，命宮固然十分重要，但在觀察命運之吉凶性質，不僅看命宮的三方，要兼以六合、相夾等方法去審評對命宮的影響。

㈡父母宮

父母宮可反映出個人與父母雙親的關係、彼此的緣份厚薄、父母親的存歿、顯貴程度、父母親的生活品味及禍福災病等各種情況。

但就廣義而言，父母宮所涵蓋的範圍更為廣泛——父母是生育命主的宮垣，父母宮的性質，便是反映出父母雙親的學識、品味、興趣等，由是可以間接推知其人受父母遺傳的體型、相貌，甚至對自己的品格也有一定的影響。

如天府星系守命，若父母宮的太陰遇鸞喜之類的星，便主其人受到父母親美貌方面的遺傳。

反而天府守命，自己命宮昌曲入命，僅主具儒雅、秀氣，不一定主貌美是也。

以上，即由父母宮去推算出一個人之相貌方法，斗數中的《形性賦》與此隱含微妙的牽連。多花時間去循此方法賞玩和揣摩，便可知道其中的秘密意義所在了。

如命宮與父母宮成六合關係，即子與丑．午與未時，其人一生甚受長上輩影響。乃至終其一生，極可能生活在長上輩的知名度之下，或受長上輩的餘蔭而過活。

父母宮固然是直接反映自己的父母雙親。

但也反映出個人受**當地執法人員和父母官**管治下的克應情況。

如出入境官員的扣查、當地巡警的查檢等等，乃至移民局審批的官員，全都納入父母宮內的範圍。要推算出入別的國家時會否順利、申請移民、入境能否如願等等，須視父母宮的吉凶。

父母宮亦是反映出自己的「衣食來源之宮」。除了自己的上司、老闆之外，如果自己是老闆，父母宮即為自己的主要客户。

如自己一向為老闆打工，至某個大運自己想轉做老闆時，必會從斗數盤中看出其父母宮必有所改變。因為自己的「衣食來源之宮」已有改變之故。廣東諺曰「衣食父母」，用來形容父母宮，甚確。

父母宮是反映長上輩的宮垣，女命結婚後的父母宮的反映較偏向於家翁、家婆身上，而對自己的生父生母的反映不會太過強烈的。

因此，如兩夫婦一起來算命，夫婦二人的父母宮均顯示出刑忌交侵，多屬夫家的父母親有災病猝生，必須及早加以防治了。惟男性入贅岳家者，若男女雙方父母宮刑忌侵併，則多屬女方的父母親有刑剋。以其「父母長上輩」影響較為深重者為憑也。在推斷父母宮時，宜靈活變通之。

一個人在少年、青年時候，父母宮的剋應多數是反映出自己的雙親。

中年以後，自己的雙親可能已經辭世，或不跟自己一起居住。這時自己父母宮的克應，多數是反映出自己的上司為主。

又，如果自己是老闆，父母宮的反映，便多數傾向於當地的管轄機關，包括稅局、司法機關之類。

除此之外，如果自己是長子，父母的反映一般會較為吃緊。但如果自己是次子、長女等等，則吉凶的反映較不強烈。

必須要有這些概念的理解，才能如實地掌握父母宮的真正意義，在實際推斷時，才能靈活變通來應用。

父母宮的對宮必為其人的疾厄宮，三方的組合必為交友宮和子女宮。

父母宮即父母雙親的管教方式，而且亦會影響自己的身體健康。如父母親嗜賭，對自己的管教甚為放縱，便容易會有營養不良、偏食之類的影響，日後健康便容易出現無法彌補的缺失。

由父母的管教形式，牽涉到自己結交的朋友之質素，以及彼此的交往關係。

這些因素往往亦會間接的影響著自己的子女成長。

若推而廣之，父母宮可代表當地的管轄機關或上司。交友宮推算平輩友人或同事，而子女宮可看近身下屬等，這些人能否有助力，或會否出賣自己等等的情況，互植互根，互相影響，且往往亦可影響自己成功與失敗的結果，這些宮垣俱不容輕忽。因為當中的變化，亦足以牽涉到自己的命運遭遇之故。如甲干流年，自己命宮是破軍在申宮獨坐，三方會祿存，破軍本宮化權，武曲化科，一時間得祿、得權、得科，便自以為是，甚至看不起同事和上司，不與人合作。結果來自父母宮的陽梁化忌，主厭惡、針對，其人大可能在盛勢時，因不能與人協調，受人辭退。此即推斷法之應用例子。

㈢福德宮

福德宮是斗數中的一個極為重要的宮垣。

人生中有許多事物無法選擇，但只有思想活動、心理反應可以憑後天去自主。因此佛家有「立地成佛」、「轉迷成覺」之修持。甚至一個人能否改變命運，也得由此宮位去決定，故此，福德宮在紫微斗數的推斷中甚為重要也。

福德宮所主的是一個人的精神享受、思想活動、性格取向、品格的高低、尊榮感、貴賤的程度等。

有些人極為富有，物質生活毫不缺乏，卻是生性淡薄，對衣食的要求不太著緊，著重心靈的享受。這種情況是由於福德宮遇上空靈、雅量之星，如天空、昌曲。

有些人思想活躍、好玩、經常閒不下來，兼且脾氣欠佳、涵養不足、無耐性等。這種情況多屬福德宮坐火星，主剛強、變化快速、一發即如天火燎原之性質所致。更會開創性或變動性強的正曜，情況便變得有點失控，其人無法控制得到自己的脾性，欠缺涵養。

福德宮亦可看出一個人的精神狀態，其中亦涉及疾病方面的研究。如精神失常、思覺失調、失眠、抑鬱症之類的症候，雪濤發覺很多時不由疾厄宮中看出來，反而是在福德宮才可以反映出這類思想活動的徵狀。

一個人自殺，不論是否引致喪命死亡，其人並非生來就有此訊號徵兆。雪濤嘗專就自殺的個案進行研究，發覺很多人先天命盤情緒不穩定，在大運及流年時又有煞忌沖入福德宮，一時情緒失控之下，便有自殺輕生之舉動。因此，在推算斗數時，若來人在大運及流年時有情緒失控之星曜居福德宮時，就要在流月時，著其人及其家人提防命主易有自殺輕生之念。

一般主情緒失控的星曜，是「天機、武曲、天同、廉貞、巨門、天相、七殺」等遇煞或化忌時，尤須留意。

一個人生有自閉的性格，並非疾病。這是由於天刑、孤神、寡宿之星入福德宮之故。

一個孩童過度活躍，好冒險，不易接受人教導和勸告，這是天馬、火星之星影響福德宮之故。

性格疏狂、豪情奔放者，地空、地劫入福德宮之故。

性格拘謹、執著心重者，**陀羅、祿存**入福德宮之故。

乃至一個人死後，其人是否能享有知名度，以及受人懷念的程度等等，都可以由其人的福德宮中窺看得到。

一個人能否享有極盛的尊榮感和受人尊重，在其人的福德宮可找出答案來。

關鍵的星曜是天馬、科星、三台八座及奏書等。有時加會**蜚廉**，主受人蜚短流長，更表示其人得到的知名度更大。因為不招人妒是庸才，受人妒忌而詆毀，或出惡言，總比受人同情或憐憫者爲佳。故會蜚廉入福德宮，更加強了其人的知名度。

紫微斗數中有一首古訣《形性賦》傳下，用以協助定盤之用。而賦文中談到的「性」，就是指福德宮的觀察。由此宮垣去看出一個人的稟品、心術、品味等等。

以上即是福德宮的基本性質，不容忽視。

福德宮必然對沖財帛宮，三方必會入自己的遷移宮及夫妻宮。

福德宮是主精神享受之宮垣，而財帛宮其實並非指一個人的財務狀況，而是反映出一個人對事物的價值觀。如福德宮祿存坐守，其人便對物質、金錢等甚為執著，不會輕易付出去佈施助人。

福德宮會遷移宮及夫妻宮，表示其人甚受外界的潮流感染，同時亦會受配偶牽制其情緒。

㈣田宅宮

田宅宮是反映家宅安寧與否的重要宮垣，亦可由此宮垣推算家宅的運勢、家族的聲望，甚至是家居附近的環境、家裡佈置的情形，均可由田宅宮中看得出來。

其實田宅宮所主的事，很多。

田宅爲不動產，在古代社會當一個人把錢累積下來，很多時會買田、買地、置房屋等。

古代更有將家丁下人當成貨物般買入家宅內，當為家中田宅的財產之一。當然，這個意義至今已不存在。

但由這個原意引申，家中飼養的寵物，如觀賞魚、雀鳥、貓犬，乃至龍貓、蜘蛛、蜥蜴、蠍子、鯊魚等等新興的寵物，均屬於田宅內管轄之事。但如果對寵物產生真摯感情，則又成為子女宮所主了。

田宅宮亦反映出一個人家居的環境性質。曾有人問：如田宅宮反映田宅家居的環境，那麼，何以兄弟姊妹的田宅宮的星曜都會不同？

這問題好像很尖銳，其實答案甚顯淺，如同兄弟姊妹的父母宮的星曜顯示，各有分別，卻只有一父一母的情形相同。

田宅宮顯示是該命主的感應，亦即易理的「用」。一家人所共同居住的屋宇單位是「體」。術數以「用」為主。這正好反映其人田宅宮給了甚麼性質的尅應予其人。這個尅應，各人知識、閱歷、感覺均有不同，如人飲水，冷暖自知，不可一概而論。

所以在推斷田宅宮時，都要明白這是甚麼學養、見識的人的田宅，由此而科判其人的田宅宮性質，這才是紫微斗數的邏輯推演學說。

田宅的不動產意義，亦包涵**股票**、**外匯**之炒賣。

如田宅宮呈變動性質，即表示其人的田宅不是長期安定和穩固，只要福德宮連續有愉快滿足之徵，便可靠炒股票來搏取利益。

如田宅宮遇煞、不穩定者，其人不宜買樓自住，宜**租樓**居住。

如田宅宮穩定，又無遇忌沖入，其人定無靠炒賣股票致富之命。但要注意的是，原局命宮無，但行經不同之大運，亦可以有不同之變局。在大運內亦偶有出現靠炒股票而獲益之可能。

亦有些以郵票、潮流物品、漫畫書、玩具、古籍、唱片、海報、古錢幣……等等，作為炒賣之投資項目，也是田宅宮具「**行動進財**」

之性質而已。大運遇之，亦同樣具有這種投機活動性質。

如一個人在童運時，其田宅宮有昌曲化科，而主星又有科文諸曜者，是謂之「文星入宅」，主家族內有讀書甚為了得的人，亦可能是在文書上得到彰顯門庭之成就。如科星在外沖入田宅宮，即族中有人得文書上的成就，可能是族中的叔、伯之類。

田宅宮出現有左輔右弼，即代表田產有增加之應。但如天機、貪狼、廉貞等得左右，又有虛耗之星會入，即主有親友寄居而已。

田宅宮有武曲化忌，即家中有裝修、地盤動工之應，亦主陰宅之風水有入囚或山水星退運之應。

田宅宮會火星及享受性之星曜，如廉貞、天同、天梁，即主家中裝修華麗、豪華，足以人前驕傲。但火星會刑煞之星，即為遇火災之應。在流年更遇煞忌沖入田宅宮，便主多事紛擾了。

鈴星入田宅宮，其人即有可能遇上水浸或遇水災矣。

田宅宮也反映著一個人**財力與儲蓄力**，因為田宅即為藏財之處。

如**天府坐田宅**，表示其人有入無出，主謹慎儲蓄，可以藏財，卻不能做到投資炒賣。

如**武曲坐田宅**，即表示必須以行動、出招，去進財，如以收藏品去進行炒賣活動，或炒樓炒股票。否則空自錯誤運用田宅宮之行動性質。若無行動，則田宅中的價值便會下降，財帛困滯矣。

舉此二例，即知甚麼星曜坐田宅宮，便應有甚麼形式的活動，從而進行關於田宅之財力積聚方法。

田宅宮最怕地空、地劫，表示其人的物質財祿終究留不下來。

猶如古代的故居巨宅中的家傳古物、或數代傳繼的家族生意、亦如數代以來的藏書家，如有空劫在田宅宮，子女定然無法再繼承家業。惟一可以繼續保存家物之法，是傳予外姓人，或送予當地政府保管。這便是空劫居於田宅之活用變通之法。

田宅宮的對宮即為子女宮，家族的遺傳、陰地扦穴之吉凶，固然直接影響自己的子女之質素。甚至，陽宅風水之吉凶，亦是與自己的子女健康息息相關。是以，田宅宮與子女宮之吉凶，寓有深義焉。

田宅宮的三方，必然會照疾厄宮與兄弟宮。陰宅風水能影響一族中人的壽元長短與兄弟之多少、助力之有與無等。從這點來看，便可知田宅宮之重要性。

古法有種生壽基，目的是擇吉日、選吉地以造命，使劣命者能有改運之希望。如原局田宅宮差，大運平穩時，值流年田宅宮吉化，就可以以生壽基去改造命運。

天無絶人之路。紫微斗數十二宮中吉凶交疊，在錯綜複雜的十二宮垣中，必有一、兩個幫助自己突圍而出的宮垣。只要有信心，任何難題均有解決之法。世間並無注定的命運，一切的吉凶命運，其實都掌握在自己的手裡，一切都因自己的選擇而寫出命運的結果。

凡田宅宮星情陽剛者，其人家中較為嘈噪不寧，家人關係亦較獨立。如田宅宮星情偏近陰柔者，其人家中較為冷淡，亦多招陰小是非。過猶不及，田宅宮過偏者，宜好好的注重田宅風水之佈局。中和、陰陽相濟為宜也。

(五)事業宮

事業宮，乍看之下，必以為這是決定一個人事業性質或工作類別的宮垣。其實並不盡然，古稱事業宮為「官祿宮」，原意是推斷一個人的事業運勢、工作的取向等。但實際上，事業宮是用作推斷一個人的**行事手法或處事方式**的宮垣，憑此宮之徵應，可幫助推判一個人的處事形式是節奏明快、抑或拖泥帶水的。

事業宮在少年時代，即反映一個人讀書從學的狀況。如見昌曲，即代表研究、學術，意味著其人有好學的性質，由是引申，其人喜讀書，成就突出。而且處事手法亦較光明正大。

如有祿星、天姚沖會，即表示童年極有可能兼職幫活。

如見左輔右弼，主其人興趣甚多，喜歡同一時間從事多方面的工作。但可能定性不足，持久力有所欠缺。

中年以後，事業宮即表示其人的工作態度、事業的運勢等。如事業宮見困滯之星，田宅宮又有忌星沖疊，其人工作的公司大有可能倒閉。以田宅及事業分居六合宮垣時，尤甚。

凡事業宮無主星者，其人事業的性質，以及處事手法都帶點不實在、無確實方向和受人差遣的性質。但不表示其人不能自己去帶領潮流，只要選擇正確的處理手法，一樣可以得到與別不同的傑出成就。

凡事業宮無主星者，最宜從事網路世界、傳播界、演藝界、廣告界等帶創作、創造性的工作，為合。

雪濤在廣告界工作多時，期間收集各級各部門的命盤，亦曾專就許多不同性質的工作行業研究，收集的命盤逾千，結果得出的答案是：不可能由命盤中決定出一個人的職業。

如巨門在事業宮，售貨員、律師、演員、教師、渠務工作人員、船倉工作人員、化驗員、銀行職員、牙醫等等均有，甚至長期夜班工作者亦有之。就工作上的職業分類來說，可謂各式各樣均有。要明快而肯定地告訴問命者，其人的工作是甚麼，頗不容易。

但要由其人的處事方法，推斷出其人處事的長處與缺點，從而選定正確的工作類別，其人自能工作順遂，發展穩妥，且大有可為。

一般來說，**凡陀羅、天馬坐守，或會入事業宮者**，其人都很容易犯上選擇錯誤的工作，俗稱「入錯行」。以致半生為人形役，影響日後的命運。

相同的事業宮，而發生在不同的人身上，結果不會一樣。

如男命、女命，結果便可能大有分別。又如相同的事業宮，卻發生在不同政治體系的國家中，又或者學識、教育程度等不同，結果便一定大有分別。同理，相同的職業，事業宮的性質亦不一樣。

紫微斗數的學理，是以過去的歷史，推斷未來的發展。就如統計學去分析和預計將來會發生的事項。因此，從定盤的過程，掌握事業宮的性質，才能推判出其人最適合的工作性質，由此而看出從事事業的方向。是以，工作性質，可以由命盤中看得清楚，但甚麼職業，卻不一定絕對準確。

如紫微星系居事業宮者，其人一定是武曲星系守命，但事業宮比自己命宮強，事業的任務比自己一身的命運遭遇強，其人就會不惜犧牲一切也要達成使命，縱使付出的代價不菲，也在所不惜。因此武曲一星為短慮，便是這個原因。

要推斷事業宮的吉凶，必須先看這是甚麼人（星曜守命）的事業宮。行經不同的運限時，遇上的四化流曜又有不同之吉凶剋應，是以斷不能僅以事業宮一垣就去片面作出評斷。

事業的發揮，更要視遇合的環境如何，才能推知吉凶的情形。

在研究事業宮時，**輔助星曜及諸雜曜**的影響力尤為重要，不可忽略。

事業宮永遠對拱夫妻宮，在古代，一個人的事業官祿性質，足以影響配偶的地位。

如「太陽入廟得吉拱，一品當朝」，主事業上得到官貴榮顯，甚至配偶的地位，亦因此而得到提高。但這個論斷，已不合時宜。

惟配偶為家庭之向心力，事業則是工作之向外發展的趨勢，如何得到兩者的協調，最為重要。

事業宮必會照財帛宮與命宮，這是論命時的三個重點宮垣，宜彼此互相兼顧。

事業宮的星曜必與命主命宮的星系相同，在評斷一個人的事業宮時，對於命宮本質的吉凶喜忌，必須細加端詳，以命宮為主。

如一個人受三台八座相夾，主開運盛勢，此時若事業宮並無獨特之干化，仍主表現出衆，以其人命運正在盛勢之故。但一個人在事業宮吉化而命宮平淡，則只是「豪門獵犬」之職而已。

㈥交友宮

古稱為「奴僕宮」，但奴僕二字的意義並不準確。斗數中的奴僕宮的實用意義，當改稱為「交友宮」。

在古代，「奴僕宮」是指家中的管事及其他較為得力的工人，其他負責雜務的役工下人，是當成為田產的一部份，並非奴僕宮所專指的。因此，在古代而言，奴僕宮亦不指奴僕。

交友宮即泛指自己認識，但未至於深交的朋友。在公司內來說，即指彼此有印象，但不熟絡的同事。

在一個社區來說，交友宮即是指認識你，但又無深入認識的鄰居。

而在今日複雜多變的人際關係來說，交友宮即可用作推斷與自己同行的競爭對手，也就是認識自己，但不是自己朋友的群衆。

任何的知己好友，都得先由相知相識，但彼此關係仍淡然的階段開始，逐漸相知，並深入瞭解，才進一步成為知己好友。

倘如交友宮**煞忌**併疊，或有**孤辰寡宿**沖入，則其人甚難有知己良朋。一生所結識者，多屬酒肉之交而已。

孤辰、寡宿是影響交友宮至爲要緊之星曜。孤寡之星入交友宮，會出現欠缺默契、難以共鳴的性質。甚至僅在流月、流日的推算，亦屢驗不爽。

可加強彼此友誼之星曜，是**左輔、右弼**成對星地沖入交友宮，主相識日久，感情彌深。倘如是交友宮、兄弟宮為左輔、右弼對拱，可斷其人易得真心對待之摯友。

昌曲化忌入交友宮，其人常招輕諾寡信之事。更有**陀羅**，則很可能遇上賣友求榮之徒，或遭人拖累。

天馬沖會，主相識者甚廣，但交情泛泛。

蜚廉、**破碎**沖會，均為搬弄是非、被人中傷之徵。

交友宮為紫微星系者，其人必然極重視交情，甚至會置六親不顧，亦會甚珍惜朋友。此乃必定是天同星系守命，有婦人之仁、心軟、過份軟弱之故。

武曲一星為寡宿，不必會上孤辰、寡宿，已主其人難得知心的朋友。更遇刑忌之星，更表示朋友易生反目成仇之情況。

因此，凡交友宮是武曲星系坐守，而又煞忌同持，切勿為人薦舉，不宜與人合作經商是也。

天虛、大耗，主友人不得力。

陰煞、天月沖會，主友人不真誠，有秘密對付自己的性質，宜謹慎交往。

交友宮必與兄弟宮對拱，當關係良好，成為稱兄道弟之兄弟。但當反目成仇時，便成為敵對而又極瞭解自己的敵人了。

交友宮的三方會照子女宮及交友宮，可由此看出友人與自己和客户、上司之間的關係。亦可由長輩的諄諄善誘下，結識到君子良朋，從而影響自己對子女的管教。

㈦遷移宮

遷移宮是用作推算離開出生地之後的遭遇，亦是反映其人是否適宜移民的宮垣。

在流年的遷移宮，亦可看出一個人出門旅行的吉凶，或長程車途中的遭遇，如會否遇上意外、旅途是否愉快，旅途會否多阻滯、會否失物、遇盜等等，均可由遷移宮中推斷出來。

其實，由廣義的遷移宮來說，這是一個反映出時局大勢、潮流所趨、外人對命主如何評價等等的宮垣。

如該地普遍驟然蒙受瘟疫影響，所有人的人際關係都變得緊張，人人都保護自己和武裝自己，這情況便是遷移宮有擎羊與煞忌交併的影響。

如遷移宮有**天姚**、**天馬**、天月，便主其人容易招手就得到，卻是流動不定、隨處可遇上的疾病。即是易沾染當時的流行病。這情況下出遠門就要特別小心了。

坐貴向貴，即命坐天魁、對拱天鉞，或命坐天鉞、對拱天魁者，均主一生常遇獨特機遇。因此，便較為適宜注重時局變化去爭取外界、外地發展的機會，不宜株守出生地。

但如命宮坐鈴星文昌，遷移宮卻是武曲化忌，三方遇流陀沖入，這情況亦即「**鈴昌陀武**」，主容易遇上意外打擊，因此不宜遠離出生地。

如命宮三方平平無奇，但遷移宮明祿暗祿，或祿權科疊至，很明顯地，適宜移居外地發展。

命宮無正曜，須借對宮遷移宮來安命者，則必為兩顆主星同宮地借星安宮，情況會較為繁雜。但要注意的是，遷移宮的長生十二神，無法借予命宮來安宮。因為長生十二神是宮氣，不是星曜，故此不參與借星安宮。

遷移宮含有外界人如何看待自己和配偶，亦由遷移宮可以看出自己受外界尊崇的程度等，因此，科星、天馬在遷移宮，則更增加廣大流播的性質，表示聲名更為遠揚，而且影響廣泛。

但如遷移宮煞忌交併，則表示自己與家人是人見人怕，不利之事紛至沓來，影響自己，也連累家人。

遷移宮是潮流，反映那些不認識自己的群衆，他們對命主自己有何觀感。因此，遷移宮亦可反映普遍群衆對自己的印象，受歡迎的程度。即反映社交能力、人際關係等。

遷移宮跟命宮成一直線關係，這對星系的理解，有獨特的意義。

如命宮巨門在巳，對宮太陽在亥，即為「太陽巨門」星系。

如命宮紫微在子，對宮貪狼在午，即為「紫微貪狼」星系。

如是理解，即知斗數中的概括法，可從中更快和更容易就掌握斗數中的若干星情——

如「紫貪」即「桃花犯主」，宜見空曜。

如「巨日」即「異族求貴」，宜主動與異族接觸。

如「陽梁」即「別離」，宜專業、專職去發展。

如「同梁」即「苦戀」，不宜太早拍拖，易招不純之桃花困擾……。

是以，遷移宮是理解星系的一個重要宮垣，不可忽略。

遷移宮亦可反映外界人對自己的觀感和反應，如疊祿、天巫、天馬居遷移宮，即外界對自己有所提升，即主自己有重大的升遷機遇，連帶自己的情緒與家人，亦有不同的改變。如改稱自己為甚麼名銜，配偶又有不同的稱謂名銜之類。

遷移宮火鈴夾、火陀夾、鈴羊夾、雙忌夾等，均表示不利有出遠門之舉，主招不利之事。在推斷遷移宮的吉凶，最要注意焉。

遷移宮對拱命宮，三方必會照夫妻宮和福德宮，遷移必影響自己與配偶之關係與自己的內心享受，可謂不言而喻了。

(八)疾厄宮

這是反映自己身體狀況的一個主要宮垣。

要掌握疾厄宮，並不容易。首先要清楚的是：這是甚麼星曜性質的人之疾厄宮。務要分清其人的體質屬性，不同的體質，遇上同一的星曜，得出的結果不會一樣的。

如天機化忌，屬精神性的人，會有失眠、內分泌異常或神經衰弱之徵應。但屬物質性的人，則大有可能是肝炎、黃疸病、子宮下垂之類。

是以研究疾厄宮，務要分清其人的體質性。

將星系劃分成兩個架構：「殺破狼」星系及「機月同梁」星系，

概略而言—

「殺破狼」主動，主大變化、急劇而至之變動。

「機月同梁」主靜，主漸變、糾纏慢性之加深改變。

「殺破狼」星系有兩大星主：紫微、天府。

紫微與天府比較的話，紫微重精神，天府重物質。

「機月同梁」星系亦有兩大星主：太陽、太陰。

太陽與太陰比較的話，太陽重精神，太陰重物質。

再將其他正曜排比，可得出以下的結論：

七殺重精神、破軍重物質。

廉貞重精神、貪狼重物質。

天同重精神、天梁重物質。

天機重精神、巨門重物質。

天相重精神、武曲重物質。

以上的劃分，只是很粗略的基本劃分。在遇上不同的干化，原來的精神性會變成物質性，因此，情況便會異常複雜。

五行生剋在疾厄宮的應用，十分重要。

有時還要應用到卦象之引申，如紫微在子，為震象，而紫微在午，即為艮象。在推斷疾厄宮的類象時，至為要緊。

研究疾厄宮，要先由其人**命宮三方**本質入手，去理解其人命宮之本質，然後，再由**疾厄宮三方**，去推求其人的體質特性，從而推斷出其人的身體狀況。

這是牽涉到命宮星系與疾厄宮星系的重疊觀察法。也必然是將

「機月同梁」星系跟「殺破狼」星系交疊起來進行觀察之宮垣，也是斗數盤中較為繁雜的宮垣，最不容易掌握之難宮呢。

疾厄宮必與自己的父母宮對拱，表示其人承受父母先天遺傳的性質至為關切，十分重要。在疾厄宮的尅應，更必須要看重父母宮之性質。

疾厄宮必然會照田宅宮，如陰地風水欠佳，亦可能影響一個人的體質、子息、壽元等等，故此疾厄宮之研究，亦要考慮到陰陽二宅的風水影響。與人緊密的接觸亦有可能染上傳染病，因此兄弟宮亦跟疾厄宮扯上關係。

雪濤要強調的是，研究紫微斗數的人，務要清楚瞭解：無論在任何書籍秘本上獲得的知識多麼豐富，也不能說自己就可以掌握到斗數的心髓。這些知識，是作者自己的知識記錄，並非閱書者自己的經驗和心得。看得明白書中所講的文字，絕不代表自己就能活用書中所講的知識。

如同看得明白如何介紹潛水的文字，絕不表示自己真的掌握了潛水的技能。一旦以為看明白文字所寫，就去海洋中實踐自己從書本中自修的潛水知識，是很容易沒頂、喪命的。

潛水，絕不可能只靠看書就學到。

風水、紫微斗數等玄學，亦復如是。

任何的術數書，只是導領讀者去掌握術數知識之指引。凡從事術數研究的人，必須通過不同性質的實踐、累積多年功夫，方能發揮眞正的術數功用。書本上所寫的都是別人的知識，並非自己的經驗。要自己同樣地發揮書上所寫的知識，還得要自己辛勤努力地去實踐，始能將知識牢牢的掌握在自己手中。單靠看書自學而不去實踐，必成狂妄學淺之徒，終究多年摸索，猶在門外而已。

以上即雪濤肺腑之言，冀讀者進一步研究和實踐，活學活用，才能體現術數之真正價值。道理甚淺，然而秘訣亦在在乎此，願讀者善加體會之。

㈨財帛宮

斗數中，財帛宮一向被視為是衡量錢財的強弱及對錢財態度的宮垣。其實，這是一個釐定價值觀的宮垣。

研究紫微斗數者，不宜望文生義，以為「父母宮」僅看自己的父母雙親，而不靈活變通以此宮去推算上司、當地執法人員等的吉凶情況。亦不可以為財帛宮只是看自己的財帛強弱情況。

財帛宮與事業宮這兩個宮垣的性質十分接近，很容易令人產生混淆。

其實財帛宮與事業宮的性質，可由兩宮的組成性質去分判——

事業宮的對宮，即為夫妻宮，表示男命要工作來養妻。而女命則以做好家務來令夫君安心去發展。這是「事業宮」的基本意義。

相比較之下，**事業宮較偏重於物質性**。

而財帛宮的對宮，即為福德宮，表示要付出某種程度的代價，以令自已在心理上得到滿足。因此，財帛宮是等同一個人的價值觀。

相比較之下，**財帛宮較爲偏重於精神性**。

「財帛」，不一定主用金錢或物質來衡量。

在斗數中，財帛宮只是代表一個人的價值觀而已。如財帛宮有科星坐守，表示其人較注重達到目的，至於回報是否成正比，則不會是最大的考慮因素。行事過程中的滿足感，較為重要。

因此財帛宮有化祿，只是對當事人來說，付出心力所換取的回報很有價值和意義。但若以金錢的物質來衡量，未必很具財祿豐厚的價值，這點甚為重要也。

因此，財帛宮只可視為一個人的價值觀而已。在衡量一個斗數盤時，財帛宮疊祿，表示其人甚重視實際的利益，將每事每物的代價都看得很重，不容易有賠本的事情發生。也就是說，其人對每件事物的付出，都會甚為計較。

要評定一個人的財帛豐厚與否，其實應該由其人的田宅宮推算。

因為當一個人富裕起來，其人必定會買汽車、樓宇、華衣、珠寶鑽戒，或添置家庭的享受物品……。這些都屬於田宅宮所管的範疇，並非財帛宮所主的事情。

原局的財帛宮之意義不大，最重要的是行經不同的大運時，田宅與財帛宮遇上四化的改變，而有決定一生的抉擇。

因此，命宮生來遇煞忌重者，即表示出身寒貧，只要在大運進退知時，亦可以由平平無奇的小人物，驟至榮顯。

同理，原局的財帛宮煞忌重，並不表示一生無財祿豐厚的遭遇。僅表示其人無法將價值觀看得輕，不容易有從容揮霍的心情，表示對錢財的價值看得較緊。

財帛宮在原局有空劫會上，不表示其人無財，僅表示其人對錢財看得很輕，而又往往有揮金如土的豪氣。只要田宅宮財祿豐盈，其人可以是城中巨富之命。

財帛宮是反映一個人的精神是否富足之宮垣，這個宮垣的定義，主要是來自對拱的福德宮。一個人的精神思想及對錢財的價值觀，可影響一個人的處事手法，甚至影響一個人的一生際遇。因此，一定要明確地去理解財帛宮的真正定義，如是才能為自己、為他人，做出更準確的推算預測。

財帛宮的意義過去曾被人誤解多時，讀者宜摒棄成見，試從實徵的統計和分析中，去重新體會財帛宮的定義，往往在紫微斗數的推斷上，能更有啟發之功呢！

㈩子女宮

子女宮，主要是用作觀察子女與自己的關係、子女是否興旺、抑或子女的成就如何等等的多種情況。

在《紫微斗數全書》中，論諸星曜入子女宮時，是以子女宮看子女的數目、子女成就的情況為主的。

雪濤深入研究和統計過夫妻宮與福德宮的各種情況，當中亦涉獵過子女宮的研究。

若以為有甚麼術數可以推算出子女的生肖，必為「術」，非「數」所能做到。甚至要準確無誤地推算出子女數目，如五女二子，抑或二子四女等，亦不可能。惟在斗數中，要推斷出子女的質素是優是劣、是盛是衰等，則可以準確地推斷出來。

子女，即自己所出的後裔。是以，農夫所種的花草植物的質素，可由子女宮來看。老師所教育出來的學生質素，亦以此宮來看。

老闆的**得力助手**、代表老闆去**運作公司**的人等等，亦是以子女宮的剋應來看。

因此，推而廣之，**直接聽命**於自己的晚輩、子侄等的狀況，亦以子女宮來涵蓋之。

如子女宮出現主有地位的星情，即表示自己更有地位，因子女是代表自己所出之故。有其子，必有其父是也。

由此引申，子女宮強盛，加會桃花星曜，即反映一個人的性能力狀況。如子女宮空曜坐守，而又煞星沖入，主子女無緣，另一方面可能是性生活不調、性能力不足有關。

子女宮的星系，一定跟命主的星系組合不同。如自己命宮星曜是「殺破狼」星系，則子女宮必為「機月同梁」星系。反之，亦然。

因此，隨著不同的生年干化影響下，子女宮與自己命宮的尅應，便有極強的分別。

同樣是紫微在子位為子女宮，乙干生人與壬干生人，便大有不同。在推斷上，應要留意這些分別。

若子女宮不吉，即表示自己所出的子女與自己的關係不吉，據此即可以預知自己不可能將自己的傳統交予子女去繼承發揮，因為子女有跟自己不在同一陣線之性質。

是以，可利用這個尅應，去開設補習社或短期課程，如是便是利用「化忌」去使命運改變的方法。

從斗數中去推出甚麼宮垣有不利，不難。**難在如何活用「化忌法」去使命運改變**。這是斗數之所以存在的價值，亦是高層次之推斷心法，有志於研究紫微斗數的人士，不妨在此方向，多下苦功去搜集資料分析與研究。

子女宮對拱田宅宮，由此結構可以看出自己的子女受**田宅風水蔭護下所出**的情況。如田宅風水欠佳，即必直接對自己的子息有所影響。因此，推斷子女宮之吉凶，必須兼視自己田宅宮之尅應。

田宅宮**天巫、陰煞、鈴星**，是祖上風水有問題的徵應。

在古代，如**同梁化忌**，即可能是家中的古井被塞，而有陰損魔祟之事。在今日來看，即可能是宅內通路欠佳，如犯重重剋入之故，影響自己的子女緣份。

如田宅宮與子女宮空劫對沖，即表示自己不會「克紹箕裘」，必須倚靠外姓人來繼承自己的家族業務。

由此，根據斗數盤的顯示，便能給自己在日後運程上得出一個指導方向，不可勉強自己的子女去做一些不合命運趨勢的決定。

由子女宮必與田宅宮對沖，三方必會父母宮與交友宮的組合來看，這個宮垣的組合在在反映出舊社會大家族的制度觀念。

如何由父長輩一脈相承地使自己的子息去繼承自己的家系，這是子女宮的原意。但隨著社會制度的改變，風氣趨向不同，子女是否繼承自己的產業，已變得不再重要。

反而，在斗數盤中為子女的性格與運勢，去安排一些教育與導引，使子女成材，這才是父母的責任。推斷子女宮，應在這方向多下苦功。

(十)夫妻宮

夫妻宮是用作推斷配偶相貌、出身、體型及彼此感情、關係的宮垣。

要推斷夫妻宮，首先要由命宮本質出發——要弄清楚這是**甚麼命宮的夫妻宮**。

如天機獨坐居夫妻宮為例，即有太陰在卯、酉二宮獨坐，夫妻宮在丑、未獨坐。

有命宮在寅、申二宮，無正曜，借對宮的天同天梁為命宮安星，這時的夫妻宮在子、午，亦為天機獨坐。

有命宮在丑、未二宮，無正曜，借對宮的天同巨門來安宮守命，這時的夫妻宮即為巳、亥二宮的天機坐守。

雖然同樣是天機獨坐，但由於命宮的本質不同，箇中的尅應，便有所不同了。

命宮的本質，最爲要緊，任何的宮垣，亦由命宮的性質去作出衡量；吉凶性質，亦由命宮的喜忌為憑。

至於論及相貌與出身、體型之類的性質，全由**比較**而來。如夫妻宮為太陰見昌曲，主配偶容貌秀麗，但這是比較命主的巨門星守命者而言的。

如巨門命主本身相貌平凡，那麼相較之下的配偶，就不見得如何容貌出衆過人了。至於學歷、出身等等的徵應，亦由互相比較而來。

也可以說相同的八字，但在六親之尅應不同，時代背景、生活的環境等等的不同，夫妻宮的顯示性質便大有分別了。

這便是紫微斗數之與子平八字的不同之處。也是何以有了出生之年庚八字，紫微斗數還要通過「定盤」來調校命盤中六親的種種剋應。斗數是與時並進的術數，通過定盤，對後運的推斷有重大的調整意義。

夫妻宮，是一個寄情的宮垣。

有些人沉醉攝影、集郵、砌拼圖、看書、集古幣等，這些寄情的宮垣，即是夫妻宮所主的。有人將集郵視同妻子一樣看待，這種全情投入的熱愛，便是夫妻宮所主。

但有些人將集郵、古幣當成**炒買炒賣**的田產財物之一，當然就應以田宅宮視之。

也就是說，同樣是郵票、古幣，有人視之為妻，有人視之為田產，這便是由易學中的「體用」有別的概念而致的，術數以「用」為主，不重視「體」。「體」為本質，「用」為功能。亦有不同之「時」義。必須深於易學，對此自得領會其旨。

夫妻宮是一個獨特的宮垣，吉星祥曜會入夫妻宮，不一定表示大利。**貴人星越多**，表示不斷有貴人出現，在這情況下，很多時代表**感情困擾**，反為不美。

影響夫妻宮的星，以**天刑**、**孤神**、**寡宿**最為強烈。

基本上這些星坐守夫妻宮，多主感情較為冷淡，夫妻有隔膜、有刑剋。

關於夫妻宮的推斷，讀者可詳**《夫妻宮秘傳眞訣》**一書。

(十二)兄弟宮

這是推斷親兄弟姊妹的宮垣，也是推算合作夥伴、同事好友的宮垣。

一般來說，兄弟宮不宜太旺。這是相對於自己命宮來說的。如果兄弟宮比自己形勢強，即表示自己不如兄弟，不論運勢與才華，均不輕易勝過兄弟，是以只能遷就兄弟好友而已。

如果是合作的夥伴，即自己的兄弟宮形勢比自己強的話，自己就必須倚助合作夥伴，才可以從中取利。

如果煞忌沖入，而兄弟宮又有祿權科會，表示合作伙伴較自己強勢，但彼此無法長久的合作。一旦拆伙，自己即無法追上與伙伴合作時的優勢，甚至陷於孤立無援而致失敗了。

兄弟宮不宜**天刑**坐守，主兄弟或好友的關係有阻隔，感情較冷淡。

兄弟宮若**天姚**坐守，主兄弟或好友對己有二心；**會煞忌**，更可能包藏禍心，會遭人出賣。

最危險的是，天姚有「招手成親」性質，彼此很快、很容易就關係熟絡，不會對其人起疑心，因而受累。

左輔右弼最宜落在兄弟宮，主彼此感情真摯，是最佳的組合，亦是最具助力之星曜。

兄弟宮有**火**、**鈴沖**入，均表示難與人長期合作，有彼此的感情與關係始熱終冷之象。如短期合作，則可化解火、鈴的破壞力。

兄弟的星曜，一定與自己的星曜不同，因此必然出現一些矛盾。而現代社會甚講求小組合作，互相補足，因此如何利用自己所長去與人互相配合，是最重要的事。

兄弟宮的研究重點，亦是先要由命主其人的本質出發，要弄清這是甚麼性質的人的兄弟宮，然後才可以看得更準確。

凡命宮與兄弟宮在六合宮垣的組合，最要注重其人兄弟宮對其人命運遭遇的影響，成與敗、得與失，均由兄弟宮之吉凶而有所影響。

天虛大耗，必為鄰宮的關係，如命宮與兄弟宮恰巧是虛耗分處兩宮，則為彼此虛耗對方，最要在流年流月時加以趨避。

凡**陀羅天馬**沖入兄弟宮，均為受好友連累之組合，不宜為人作擔保、推薦之事。即使是流年有此組合，亦主該年有所受累。

如輔、助、吉星都會入自己的命宮，兄弟宮的助力自然削弱，這其實亦反映自己適宜結交一些地位、識歷比自己強盛的人。只要不是長期合作，往往亦可因此而造就自己的聲勢，從而幫助自己的發展。

兄弟宮必與交友宮對拱，三方必會田宅宮與疾厄宮。由這個宮垣分佈的性質，可以看出家族的聲勢，亦由此宮垣可推算家族中有沒有遺傳病。

以上，即十二宮的詳義，必須先對十二宮有了正確的定義，才有打破十二宮來推斷紫微斗數的基礎。次第理解，深入思索，在推斷時才能更具準繩性。

要打破十二宮來觀察

《紫微明鏡》內篇，是「更上一層樓」的學理闡說，亦是導入打破十二宮來推斷紫微斗數。

觀察一個斗數盤時，普遍的方法是用「本宮」、「三方會照」為主，這對於初入門的人來說很正確。當進一步掌握了十二宮宮位涵蓋的意義，並開始瞭解各類星曜性質與宮垣性質後，就需要學習打破十二宮來觀察。

斗數中有一句訣，出自《紫微斗數全書》的「本對合鄰定重輕」。其實，已經是打破斗數的三方成法和綜合觀察的方法。因此，也可以說打破十二宮的成法，源出於古義。

「本宮」，如命宮在子位，即專以子位內的星曜吉凶為言。但斗數有「對偶法」，即見此星，須尋其偶以視其吉凶之法。如天府與天相，見天府就要兼看天相的性質，見天相就要兼看天府的性質；見天府與天相，都要兼顧前後相夾的宮垣。

「對宮」，如命宮在子位，對宮即午位是也。如本宮無主星，須借對宮的星曜來安宮。但在未借星安宮前，本宮的煞忌和月系星，俱對本宮具有極明顯的影響力。

「合宮」，有「三合」和「六合」之別。

「三合」，即「申子辰」、「巳酉丑」、「寅午戌」、「亥卯未」等。如命宮在子位，其三合即為其三方，即「申位」與「辰位」。

「六合」，即「子與丑」、「寅與亥」、「卯與戌」、「辰與酉」、「巳與申」、「午與未」等。如命宮在子，即與父母宮的丑位成六合。如命宮在卯位，即與戌位的疾厄宮成為六合。

「鄰宮」，即前後相夾的宮垣。如「太陽太陰」在丑位，其鄰宮即為子位的「武曲天府」及寅位的「貪狼」。

在斗數的十干四化的帶動下，「機月同梁」星系與「殺破狼」星系交相發揮作用，形成兩組星系各有發揮，因而更切合現實的人生。

如戊干「貪陰陽機」，貪狼化祿、太陰化權、太陽化科、天機化忌。這已經涉及「機月同梁」星系與「殺破狼」星系的兩組四化在交相牽引的影響。

如以命宮在戌宮為貪狼化祿為例，其人兄弟宮化權、疾厄宮化科、子女宮化忌。這個干化，已經是打破三方的邏輯，是打破了十二宮垣的影響了。

舉此一例，即明白紫微斗數的推斷法則是要打破十二宮來綜合觀察。而十干四化的影響，更是發動變化的來源，更須細加分析和研究。

《紫微明鏡》的「外篇」僅屬點出安星訣與星情的關係。

而「內篇」則以闡述星系與星情作為啟導，也是進入星系學理的必經階段。其中的星情性質，即為透過打破十二宮的束縛，來進一步闡述十四正曜的星情，義理縱橫，可謂是更上層樓的斗數心髓。而打破十二宮來觀察，即源自斗數的古義而已。

六合宮垣

六合宮垣應用於紫微斗數的推斷法中，往往牽制著極微妙的變化。

紫微斗數依黃道十二宮，分別排佈十四正曜，又依年干而有不同的祿權科忌等四化。

這些安星與干化，均與六合宮垣的推斷有關。亦可以說，依循六合宮垣的排比，對於星情與宮垣的性質，有著更深刻的體會。

若將十四正曜劃分為兩個星系，在推斷上，便會更清楚地理解其中的進退與消長——

「殺破狼星系」：紫微、武曲、廉貞、天府、貪狼、天相、七殺、破軍。

「機月同梁星系」：天機、太陽、天同、太陰、巨門、天梁。

尚有文昌文曲，在十干四化中有化科和化忌。

此二星可寄宮於「殺破狼星系」中，亦可寄宮於「機月同梁星系」裡，在推斷時，尤須細加審視此二星。

火星鈴星在陰年時的分佈，亦會產生暗中牽涉的影響，必須兼視借星後會否成為六合宮垣的尅應。

「機月同梁星系」與「殺破狼星系」的分佈，必成為六合宮垣對立的關係。而且一定是陰宮與陽宮對峙，好比太極的陰陽對立，彼此互存在消長，而又互相牽引，卻又互相寄存依靠的微妙關係。越是玩易功深，越能體會到紫微斗數這門術數涵蘊易學消長變化之理。

若以十二基本盤來看六合宮垣的關係，不難發現六合宮垣的關係，可以子午、卯酉、寅申、巳亥、辰戌、丑未等六組結構來理解。

㈠當命宮在子午二宮，必與丑未宮位的父母宮成爲六合關係，即表示其人受父母或長上的影響較深刻，包括日後的上司或主要的大客户等，均對子午二宮守命的人，有直接而深遠的影響。

◉當命宮在子午二宮，寅亥或申巳宮位分別爲福德宮及兄弟宮。即表示其人的思想與精神享受是受兄弟與好友等影響甚深。也主其人多與兄弟好友分享自己的興趣和感受。「近朱者赤，近墨者黑」，這句格言在此很具實用意義。

◉當命宮在子午二宮，卯戌或酉辰宮位分別爲田宅宮及夫妻宮。田宅宮的涵義，包括家庭、家中財物、公司、汽車、田產、家居附近的環境等，均列入田宅宮中。當田宅宮與夫妻宮分處六合宮垣，代表配偶或愛侶牽制著自己的田宅。反過來說，有甚麼樣的田宅，亦會間接地影響自己與配偶間的關係。

◉當命宮在子，辰宮必爲事業宮，酉宮必爲子女宮。

或命宮在午，戌宮必爲事業宮，卯宮必爲子女宮。

如子女宮疊祿旺勢，即有利以學生衆多作為自己的事業。但如子女宮煞忌重或呈不穩定，須防因下屬辦事不力，而令事業阻滯。

◉當命宮在子，巳宮必爲交友宮與申宮財帛宮成六合關係。

或命宮在午，亥宮爲交友宮，與寅宮財帛宮成六合關係。

「寅申巳亥」為四長生地，若巳宮為交友宮，必主其人結交的朋友圈子甚廣，朋友間的友誼也變幻甚多。而其人申宮的財帛宮，亦會有時虛時實，時裕時緊的不穩定。

如命宮在午位，亥宮的交友宮亦主容易出現疏落、隔膜的基本性質，而寅宮的財帛宮亦會出現對財帛的價值觀時有變化，有橫蠻、不一致的性質。表示其人對朋友的觀念和價值，有時會重視，有時會看不起友人。

⊙當命宮在子，午宮必爲其人的遷移宮、未宮必爲疾厄宮。如命宮在午，子宮必爲其人的遷移宮，丑宮必爲疾厄宮。

必須更視火鈴、虛耗、化忌星等是否分處其人的遷移宮及疾厄宮。如是，其人便不宜出遠門或移民往外地。

如遷移宮及疾厄宮吉化，其人便甚適合移民往外地。主可更擴大視野，身心安健。

如遷移宮及疾厄宮分別一宮吉化、一為會煞忌，也主是非和麻煩較多。

㈡當命宮在丑未二位時，其人必與子午宮位的兄弟宮成爲六合宮垣。

◉如命宮在丑，子位的兄弟宮與丑位成六合。

如命宮在未，午位的兄弟宮與未位成六合。

即表示其人受兄弟、好友、合作夥伴、生意上同行的拍檔等等的影響甚為深刻，而且牽制性甚大，可謂成敗由之。

◉當命宮在丑位，寅位的父母宮與亥位的夫妻宮成爲六合關係。

或命宮在未位，申位的父母宮與巳位的夫妻宮亦成爲六合宮的關係。

即表示其人與長上輩的緣份和關係甚受配偶影響，或者其人感情生活甚受長上輩掣肘和影響。

一些家庭的婆媳不和，很多情況下就是這些六合宮垣失去平衡之故。如一宮化權、一宮化忌之類。又或者是一宮火星、一宮陀羅等，亦復如是。

⊙當命宮在丑位，卯位的福德宮與戌位的子女宮成六合宮垣。或命宮在未位，酉位的福德宮與辰位的子女宮成六合宮垣。

命宮在丑未二宮，不論甚麼星曜守命，其人的精神思想多會寄望在子女身上，或其人的成敗、尊榮感等，均受子女與下屬等牽制。如子女宮興旺，是即可憑成就特出的子女或下屬，而帶來較佳的精神享受。

如福德宮欠佳，無論子女宮怎樣興旺，其人亦無法從子女宮中直接得到尊榮感，也暗示其人子女緣份較薄。亦表示其人子女的成就頗為特出，但卻無法從子女身上得到榮耀，反而為之憂心不已。火鈴分居此二宮，尤的。

⊙當命宮在丑位，辰位的田宅宮與酉位的財帛宮成六合宮垣。

或命宮在未位，戌位的田宅宮與卯位的財帛宮成六合宮垣。

凡丑未二宮守命者，要算出其人財帛是否豐盈，或者是否能夠從股票、炒買基金等方式來進財，這兩個六合宮垣的暗中牽制的力量，不可忽略。

田宅宮，即個人擁有的不動產，包括相機、郵票、金幣、珠寶鑽戒、汽車、樓宇等。

財帛宮，即對運用財帛的原則、個人的價值觀等等。

◉當命宮在丑位，巳位的事業宮與申位的疾厄宮成六合宮垣。

或命宮在未位，亥位的事業宮與寅位的疾厄宮成六合宮垣。

即表示其人的健康、外貌、體魄的因素，往往會影響其人的工作表現和處事手法。也表示其人的身體健康狀態，深受其人的工作性質和做事方式所影響。

要留意的是事業宮與疾厄宮在這「寅申巳亥」的四長生地，往往是不斷的改變，不停的活動，有若風的流動，亦如雲般變幻，有不安定和不穩定的基本意義。

◉當命宮在丑位，午位的交友宮與未位的遷移宮成六合宮垣。

或命宮在未位，子位的交友宮與丑位的遷移宮成六合宮垣—

即表示其人的朋友圈子甚具「時流性」，亦主其人會有一批又一批不同圈子背景的朋友。

交友宮，古稱為奴僕宮，表示不太熟絡的朋友，包括公司內不同部門而又地位比自己較為低級的同事與下屬。切勿望文生義，以為「奴僕宮」真的僅言自己的奴僕。切切實實地去徵集一切實例，然後認真的審核三數個流月，便可肯定交友宮的實義了。

遷移宮亦涵括潮流、風氣所趨及外來的環境因素等性質，不惟僅牽涉遷移一事也。

當交友宮與遷移宮成六合，要留意彼此關係介乎疏與略疏之間友人的影響力。

㈢當命宮在寅申二位時，其人必與巳亥的子女宮成爲六合宮垣。

◉如命宮在寅位，亥位的子女宮必與寅位成爲六合。如命宮在申位，巳位的子女宮必與申位成爲六合。

「寅申巳亥」是長生地，表示任何星曜居此宮氣之位，會不休止地流動、增長和變化，有到老不得安閒和在平日會無事忙的基本意義。

因此，凡命宮在寅申二宮來說，一般情況下，均主與子女的緣份較為疏離。緣份疏離或彼此助力不足，是最常見諸寅申位守命的，但其人與子女的感情卻可以很要好的。

除非寅申二宮守命的人與煞忌同躔，或子女宮煞忌較重，則主其人容易小產、流產或不容易懷孕。基本上，彼此是緣份不足者較多。

當命宮是寅申二位的同梁守命，而子女宮是廉貪的話，換言之，其人遷移宮亦為同梁，田宅宮亦會是廉貪，這個組合最為飄泊和不安定，每每僅有三數年的安定後，便會有搬屋、子女分離或遷居外地而與子女分離之現象。

是以，可概括地說凡寅申二位守命者，其人子女宮必在巳亥位，其人多與子女緣份較寡。晚年更不容易有子女守在身旁照顧自己。

⊙當命宮在寅位，丑位的兄弟宮與子位的夫妻宮成為六合宮垣關係。或命宮在申位，未位的兄弟宮跟午位的夫妻宮成為六合宮垣。

即表示其人結交的異性多由同學、同好、同事等的關係而來。亦表示日後自己的配偶很容易會跟自己的好友發生不倫之戀。這兩個宮垣如果煞忌重，如火鈴分居此二宮的話，便是配偶與自己的兄弟無緣，關係冷淡。

要分辨兄弟宮和夫妻宮處於六合宮垣時，尅應的結果如何，必須兼視六吉、六煞的分佈以及十干四化產生的轉化性質。

⊙當命宮在寅位，卯位的父母宮與戌位的財帛宮成爲六合宮垣的關係。

或命宮在申位，酉位的父母宮與辰位的財帛宮成爲六合宮垣的關係。

即表示其人長上輩、父母親等會直接地影響其人的物質生活、思想方向和價值觀等。

或其人的儲蓄手法或對金錢的運用方式，深受長上輩所支配。

如其人工作所得的回報，除了適當的供養父母親外，更會為父母供樓等。若父母宮不力，其人的財帛宮亦成激發力不足，或對財帛的運用觀念不夠嚴謹等。

⊙當命宮在寅位，辰位的福德宮與酉位的疾厄宮成爲六合宮垣的關係。

或命宮在申位，戌位的福德宮與卯位的疾厄宮成爲六合宮垣的關係。

即表示其人的心情與體魄有著極微妙的關係。如心情好或情緒佳時，其人便可以有極具韌力的體魄。但當情緒欠佳，則完全無心情去做任何事，可謂性格與體魄深具互相緊扣的關係。

⊙當命宮在寅位，巳位的田宅宮與申位的遷移宮成爲六合宮垣的關係。

或命宮在申位，亥位的田宅宮與寅位的遷移宮成爲六合宮垣的關係。

田宅宮即指身處環境，遷移宮即指外在因素及潮流大勢的影響。

凡田宅宮對風水敏感者，必要兼察遷移宮能否安靜、安穩。如遷移宮煞忌刑沖疊，則田宅的蔭護力便甚為有限。

反之，如田宅宮煞忌刑甚重，只要遷移宮吉化，其人只要遷移新地方，往往可以憑著新屋的風水佈局，將劣勢化解。不過在這情況下，其人往往不容易覓得平穩安定的居所。雪濤試過為人選樓超過八十多間的記錄，其人恰巧正是命宮在寅，而田宅宮煞忌刑沖疊之故。

田宅宮不穩定的人，不應買樓自住，應該盡量租房子住。如遷移宮吉化，其人便可藉炒樓、炒股票而致富。

如田宅宮不穩定，遷移宮又煞忌疊至，可謂雪上加霜，凡事必須低調處理，小心腹背受敵。

◉當命宮在寅位，午位的事業宮與未位的交友宮成為六合宮垣的關係。

或命宮在申位，子位的事業宮與丑位的交友宮成為六合宮垣的關係。

表示其人在行事上、工作上，往往受朋友的牽引或影響。也可以說，其人結交甚麼圈子的朋友，其人工作的能力，便是甚麼樣的水平。

這種互根互靠的微妙關係，對寅申宮位守命者頗為重要。這些朋友並非是兄弟宮，即表示其人結交的友人，不會直接對其人工作上有助長和合作，因此直接的助力便較少，卻會間接地反映出事業的表現。

如果其人一意要將原來的友人關係，改變成工作上合作的夥伴，則很容易中途拆夥、關係不和、事業受困。

這兩個宮垣是表示其人的友人，不會跟其人牽涉入工作中去。僅在初相識或未涉及共同合作時，彼此可以互利互助，一旦相交深了，成為合作夥伴，往往工作與友人關係不能平衡了。

要工作，就不可能有共事上的友人。

要友人，就不可以牽涉到公事上去。

這是寅申二位守命者，交友宮與事業宮成六命宮垣的基本尅應。

㈣當命宮在卯酉二位時，其人必與辰戌二位的疾厄宮成爲六合宮垣。

◉凡卯宮守命，戌位的疾厄宮必與卯位成爲六合。

凡酉宮守命，辰位的疾厄宮必與酉位成爲六合。

怎樣的生活方式，便有怎樣的健康狀況，這對**卯酉**二位守命宮者，最為要緊。

如「祿明科暗」、「科明祿忌」、「明祿暗祿」、「明忌暗忌」、「火明鈴暗」等等，最要留意這些與命宮六合關係的影響。

此外，如機巨在卯宮守命，遷移宮恰好與辰位的紫相成六合宮垣，這對於一個人**移民**，乃至受**長上輩的影響**等觀察，甚為重要。

又或者命宮在酉宮，無正曜，借對宮的機巨來安宮守命，辰位的紫相為疾厄宮與酉位空宮為六合，當中最要留意的便是**體魄影響著命運**，也是**命運影響著體魄**的微妙組合，互植互根，必須兼視十干四化的影響力去幫助推斷。

◉當命宮在卯位時，辰位的父母宮與酉位的遷移宮成為六合宮垣關係。

或當命宮在酉位，戌位的父母宮與卯位的遷移宮成為六合宮垣關係。

表示其人的長上輩影響著其人的社交圈子和人際關係，也是外間人牽制著其人與長上輩的關係。

遷移宮亦表顯出門的際遇，包括遠程旅行或交通上的遭遇。而父母宮則是當地的父母官，包括執法者。

如父母宮有挑剔、留難，而偏偏有出門之象，而遷移宮僅有動象，吉凶之兆不明時，便要兼由父母宮察看會否遭出入境的官員留難，或遭交通刑警挑剔檢控之類等。只要事事小心，奉公守法，往往會很容易過渡，這便是趨避得法了。

⊙當命宮在卯位時，巳位的福德宮與申位的交友宮成爲六合宮垣的關係。

或當命宮在酉位，亥位的福德宮與寅位的交友宮成爲六合宮垣的關係。

表示其人對友僕、朋友的關係頗為重視，經常為此而牽動自己的情緒。亦反映自己的個性如何，便會結交甚麼樣的朋友。具有性格魅力的人，不僅可以抓住最有助力的友人，而且往往能夠支配自己的命運的。

福德宮強，有內涵、充實、不尚浮華的人，是成功的先決條件，是以宜加強自己個人的內涵，自能結聚質素良好的友人，從而得到互勵互勉的作用。

⊙當命宮在卯位時，午位的田宅宮與未位的事業宮成為六合宮垣關係。

或當命宮在酉位，子位的田宅宮與丑位的事業宮成爲六合宮垣關係。

表示其人田宅的風水與其人的處事手法、行為和態度，息息相關。

亦為工作的性質與工作之環境有密切的關係。

如田宅宮出現有「鈴昌陀武」的組合，其人在工作時便非要小心不可了。

又如命宮三方或事業宮三方有「鈴昌陀武」沖入，只要田宅宮沒有煞忌刑沖入，一般而言，僅主事業上有挫折，且能依靠田宅風水之助而將挫折、破敗的程度減至最輕的地步。

⊙當命宮在卯位時，子位的子女宮必與丑位的夫妻宮成爲六合宮垣。或當命宮在酉位，午位的子女宮必與未位的夫妻宮成爲六合宮垣關係。

也就是其人受配偶與子女的影響頗為深遠，很大程度反映出其人的家庭觀念頗重。

但如果組合欠佳，三方會合的星情又劣，則其人亦大有可能在公司內，與下屬有不正之桃花，因為子女宮與夫妻宮有暗合之徵。

情況至惡劣者，為禽獸不如之父親，對自己的子女有不倫之歪行。

夫妻宮與子女宮六合，吉凶的情況可以變化甚大，最要逐個大運和流年細加分析和推算。

◉當命宮在卯位時，寅位的兄弟宮與亥位的財帛宮成為六合宮垣關係。

或命宮在酉位時，申位的兄弟宮與巳位的財帛宮成為六合宮垣關係。

表示其人甚受好友、兄弟、合作夥伴影響，而改變自己對事物的價值觀。

也主其人自我的控制力稍弱，易為外境、旁騖的影響而動搖對事物的態度。特別是容易受好友的影響，而改變對事物的價值觀。必須加強個人的識力，使自己能感染到好友或合作夥伴，去認同自己的價值觀，自我的地位才得以提升起來，成功的機會也會較大，不宜隨波逐流。

㈤當命宮在辰戌二位，卯酉二位的交友宮必成爲六合宮垣關係。

凡命宮天盤居於辰戌二宮的天羅地網，不論甚麼星曜組合，必帶有受制、受阻的意味。每每要去達成一個簡單的目標，也需要比其他人付出更大的努力，一生中較為艱辛，也較為平淡。

較為可喜的是，一生常會過得較為平順，除非煞忌在辰戌二宮沖疊，否則一生中多屬起落不大。

倘如在辰戌二位沖疊刑忌之星，則發生之災禍和破耗，往往歷久不散，要曠費甚久去解決後遺症。這是天羅地網的基本通則。

交友宮古稱奴僕宮，並非長久合作的夥伴，並非兄弟宮，而任何好友俱先由不太熟的朋友慢慢發展成為好友的，故此命宮與交友宮成六合，也間接地影響其人與朋友結交的緣份。

如命宮與交友宮為六合而有大助力，如明祿暗祿，可知其人人緣尚佳，可從事以人緣衆多為主的事業。

但如命宮與交友宮刑忌暗牽，則不宜與人合作。只宜加強自己本人的知識與技能了。

能令自己人緣修好的星是左輔右弼，故論命宮與交友宮的性質時，必須兼視左輔右弼的影響。

⊙當命宮在辰位時，子位的財帛宮與丑位的子女宮剛好成六合宮垣。

或當命宮在戌位，午位的財帛宮與未位的子女宮成爲六合宮垣。

表示其人的下屬，跟其人的積聚財帛能力有極深刻的互相影響。

如子女宮煞重，則不宜依靠一、兩個心腹下屬，或不宜依靠自己的子女，因子女亦無法繼承自己的事業，煞重，即不同心、有別圖他法及另創天下的性質。

故此，如果子女宮煞重，便只能利用短時間與自己下屬、徒弟合作。在現代社會，即以短期學徒班、速成班之舉辦，便可以得以趨避。

煞重，儘管開辦更多、更頻密的短期班，如補習班，便可達到趨吉避凶的目的了。

◉當命宮在辰位，寅位的夫妻宮與亥位的疾厄宮成為六合宮垣。

或當命宮在戌位，申位的夫妻宮與巳位的疾厄宮為六合宮垣。

即表示其人寄情之所對其人的健康狀況會有極大的影響。

所謂寄情之所，在少年時可能會是運動、攝影、下棋、閱讀等等。青年時期，可能會沉迷愛情。中歲以後，有人會寄情於配偶，亦有人寄情於音響、攝影等，不一而足。端視會合之星情性質來決定。

在以上的宮垣消耗的心力、精神，俱與自己的健康狀況有關。

反過來說，有怎麼樣的體魄，其人便可以有甚麼樣的寄情寄慾之所。

◎當命宮在辰位時，卯位的兄弟宮與戌位的遷移宮成爲六合宮垣關係。

或當命宮在戌位，酉位的兄弟宮與辰位的遷移宮成爲六合宮垣關係。

即表示其人甚受好友的影響，因而影響外界對其人的觀感印象。

如命宮的星系不夠獨立自主，其人便受周遭的人事影響，而有「近朱者赤、近墨者黑」的尅應。即其人與其好友所追求的品味是一致的，絕不會帶領身邊的人或不能薰陶身邊的人，反而盡受旁人影響，變成隨波逐流。

如命宮的星曜獨立而感染力強者，即使兄弟宮的趣向不一致，但仍會受其人薰陶而有一定的感染力。

◉當命宮在辰位時，巳位的父母宮必與申位的事業宮成爲六合宮垣。

或當命宮在戌位，亥位的父母宮必與寅位的事業宮成爲六合宮垣。

即表示其人在事業上的表現、或行事手法等，均深受長上輩的支配和影響。

父母宮有兩個意義，如有權威性的，即表示上司或老闆只有一個，能直接授命自己，自己亦僅受極少數的長上輩指派任務的。

如父母宮具變化的、不穩定性的，其人適宜自資經營，以不固定的顧客作為自己的「衣食父母」，便甚合自己命格了。

在考慮職業的選擇時，較為高段的斗數推斷法，便是參考父母宮及田宅宮的性質，而推知自己適合做甚麼性質之工作，這些法則，便是打破十二宮的觀念，綜合混流去分析的結果，也更切合現實的人生呢。

◉當命宮在辰位時，午位的福德宮與未位的田宅宮成為六合宮垣關係。

或當命宮在戌位，子位的福德宮與丑位的田宅宮成為六合宮垣關係。

即表示其人的性格喜好，深受環境影響，有著感性、受環境渲染而有改變的性質，情緒稍嫌不穩定。

若其人福德宮甚強，其人田宅的影響亦不容易影響其人的思想和信念，也就表示其人較不受田宅環境的改變，而影響情緒和信念。其人的個性也會帶點固執和孤僻了。

田宅為財物寄居之處，而福德宮亦即福澤所得之宮，必須思想上保持安定悅樂，其人才得到真正舒適的環境享受。甚至田宅宮空庫露庫，主其人居陋巷，但因福德宮有自得其樂性質，故此即使身貧，但內心富裕安樂，很有逍遙自在的意味。

㈥當命宮在巳亥二位時，其人寅申二位的田宅宮必成爲六合宮垣。

表示其人一生之命運，極受陰陽二宅的風水影響，成敗得失由之。是以，其人宜自己去學習正統的玄空風水智識，以免受俗師愚弄。

◉凡巳位守命者，申位的田宅宮必與自己命宮成爲六合。

凡亥位守命者，寅位的田宅宮必與自己命宮成爲六合。

寅申巳亥為四長生地，這類組合已顯然有變化不定、各有進退、方向不一的疏離性質。是以極易成為缺乏蔭護、不值所靠的性質。以天馬沖入，或成為祿馬交馳為的。

倘有天馬孤寡之星同宮，主其人童年時有分炊之應，也主日後其人子孫微薄，宗姓不過三代，因此必須更要注重田宅宮的風水。

◉當命宮在巳位時，其人子位的疾厄宮與丑位的財帛宮成爲六合宮垣關係。

或當命宮在亥位，其人午位的疾厄宮與未位的財帛宮成爲六合宮垣關係。

即表示其人身體的健康狀態，受自身的生活方式及對生活享受的價值觀等等，而有著極大的影響。或者可以說：怎樣的體質，就過怎樣的生活。

或因為有怎樣的生活，便造成甚麼樣的身體狀況。

如虛耗分處此兩個宮垣，則是刑剋最大的徵應，必須各方面加以節制、協調才可。

◉當命宮在巳位時，寅位的子女宮與亥位的遷移宮成爲六合宮垣關係。

或當命宮在亥位，申位的子女宮與巳位的遷移宮成為六合宮垣關係。

這時正好是分處「寅申巳亥」的四長生地中。已有各有各走、各有各變化、分枝分離的現象。

要平衡這種分離宗族的現象，甚難。

必須努力地先由祖墓做起，確立族中祖墓的重要，每年春秋二祭由自已主導去主理祭祖。

或選好地址，建立一族的祠堂，清明重陽必聚集親朋一聚。

而在陽宅風水方面，亦宜建立一座較大的房屋，並分建多房預留給子孫。雖然子孫日後要靠自已買下來的房子居住，表示子孫能力不足。但總好過自己的子女完全走散，消失無蹤。

在「寅申巳亥」守命者，其人必與子女較為疏離，此乃命中注定的事。惟有設法令子女較早獨立，讓他們好好地成長，子女可以早點有自己的事業發展，惟如是，才能使子女的成就較大，而彼此的疏離，則命中有定，怨不得也。

⊙當命宮在巳位時，卯位的夫妻宮必與戌位的交友宮成爲六合關係。或當命宮在亥位，酉位的夫妻宮必與辰位的交友宮成爲六合關係。

即表示其人的配偶與自己的友人有暗中牽制的性質。

如火鈴分處上述兩宮，即表示必為：有異性，即無朋友，變化極速。亦表示其人會因為配偶而驟然與身旁的友人疏離。

如「明祿暗祿」之星曜分居夫妻宮及交友宮，即表示配偶能夠與自己的朋友相處愉快。這時，要兼察兩宮的桃花性質，以免牽涉不純的桃花困擾。

◉當命宮在巳位時，辰位的兄弟宮與酉位的事業宮成爲六合宮垣。或當命宮在亥位，戌位的兄弟宮與卯位的事業宮成爲六合宮垣。

這正表示其人的合作伴侶深深的影響著其人的事業表現。或其人的工作性質，影響著自己的朋友圈子。

是否適合與人合作去開創事業？答案須循大運分別觀察。原局的性質可以甚佳，但大運欠佳，亦主不吉。大運的影響往往極為深遠，而原局的性質卻是決定性的。

◉當命宮在巳位時，午位的父母宮與未位的福德宮成爲六合宮垣關係。

在命宮在亥位，子位的父母宮與丑位的福德宮成爲六合宮垣關係。

表示其人一生深受長上輩、主要客户的影響，而有極大的性格和思想追求上的改變。也表示其人終其一生生活在長上輩、上司、主要客户的影響中。

如父母宮與福德宮成祿明科暗，即表示必須與長上輩的關係和好，其人才可以得享極大的精神享受。如父母宮與福德宮為火鈴刑忌交煎，必主其人的長上輩與自己的關係猝生改變，以致終其一生有抱怨、懷恨、不平的性質。

以上即六合宮垣分處不同的位置時的基本尅應性質。雪濤特表出若干重點，俾使在推斷斗數時，能有所啟導與依循。六合宮垣的影響，不可忽略，這也是打破十二宮的觀察法，正是推斷斗數時的重要法則之一。

所謂六合，即「子與丑合」、「寅與亥合」、「卯與戌合」、「辰與酉合」、「巳與申合」及「午與未合」等。

㈠如命宮在子位，即命宮與丑位的父母宮合。

寅位的福德宮與亥位的兄弟宮合。

卯位的田宅宮與戌位的夫妻宮合。

辰位的事業宮與酉位的子女宮合。

巳位的交友宮與申位的財帛宮合。

午位的遷移宮與未位的疾厄宮合。

㈡如命宮在丑位，即命宮與子位的兄弟宮合。

寅位的父母宮與亥位的夫妻宮合。

卯位的福德宮與戌位的子女宮合。
辰位的田宅宮與酉位的財帛宮合。
巳位的事業宮與申位的疾厄宮合。
午位的交友宮與未位的遷移宮合。
㈢如命宮在寅位，即命宮與亥位的子女宮合。
子位的夫妻宮與丑位的兄弟宮合。
卯位的父母宮與戌位的財帛宮合。
辰位的福德宮與酉位的疾厄宮合。
巳位的田宅宮與申位的遷移宮合。
午位的事業宮與未位的交友宮合。
㈣如命宮在卯位，即命宮與戌位的疾厄宮合。

丑位的夫妻宮與子位的子女宮合。

寅位的兄弟宮與亥位的財帛宮合。

辰位的父母宮與酉位的遷移宮合。

巳位的福德宮與申位的交友宮合。

午位的田宅宮與未位的事業宮合。

(五)如命宮在辰位，即命宮與酉位的交友宮合。

子位的財帛宮與丑位的子女宮合。

寅位的夫妻宮與亥位的疾厄宮合。

卯位的兄弟宮與戌位的遷移宮合。

巳位的父母宮與申位的事業宮合。

午位的福德宮與未位的田宅宮合。

㈥如命宮在巳位，即命宮與申位的田宅宮合。

子位的疾厄宮與丑位的財帛宮合。

寅位的子女宮與亥位的遷移宮合。

卯位的夫妻宮與戌位的交友宮合。

辰位的兄弟宮與酉位的事業宮合。

午位的父母宮與未位的福德宮合。

㈦如命宮在午位，即命宮與未位的父母宮合。

子位的遷移宮與丑位的疾厄宮合。

寅位的財帛宮與亥位的交友宮合。

卯位的子女宮與戌位的事業宮合。

辰位的夫妻宮與酉位的田宅宮合。

巳位的兄弟宮與申位的福德宮合。

可參㈠命宮在子位一節。

㈧如命宮在未位，即命宮與午位的兄弟宮合。

子位的交友宮與丑位的遷移宮合。

寅位的疾厄宮與亥位的事業宮合。

卯位的財帛宮與戌位的田宅宮合。

辰位的子女宮與酉位的福德宮合。

巳位的夫妻宮與申位的父母宮合。

可參㈡命宮在丑位一節。

㈨如命宮在申位，即命宮與巳位的子女宮合。

子位的事業宮與丑位的交友宮合。

寅位的遷移宮與亥位的田宅宮合。

卯位的疾厄宮與戌位的福德宮合。

辰位的財帛宮與酉位的父母宮合。

午位的夫妻宮與未位的兄弟宮合。

可參㈢命宮在寅位一節。

㈩如命宮在酉位，即命宮與辰位的疾厄宮合。

子位的田宅宮與丑位的事業宮合。

寅位的交友宮與亥位的福德宮合。

卯位的遷移宮與戌位的父母宮合。

巳位的財帛宮與申位的兄弟宮合。

午位的子女宮與未位的夫妻宮合。

可參㈣命宮在卯位一節。

㈩如命宮在戌位，即命宮與卯位的交友宮合。

子位的福德宮與丑位的田宅宮合。

寅位的事業宮與亥位的父母宮合。

辰位的遷移宮與酉位的兄弟宮合。

巳位的疾厄宮與申位的夫妻宮合。

午位的財帛宮與未位的子女宮合。

可參㈤命宮在辰位一節。

(十一)如命宮在亥位，即命宮與寅位的田宅宮合。

子位的父母宮與丑位的福德宮合。

卯位的事業宮與戌位的兄弟宮合。

辰位的交友宮與酉位的夫妻宮合。

巳位的遷移宮與申位的子女宮合。

午位的疾厄宮與未位的財帛宮合。

可參㈥命宮在巳位一節。

以上的六合，須分別由基本性質、三方、鄰宮、對拱等手法去綜合觀察。情況至為複雜，卻是打破十二宮去綜合推理的手法。這對整個斗數盤的理解，至為重要。也是進入星系學理的其中一個方法，切勿輕忽之。

四大主星

紫微斗數的論斷法極重視四大主星，所謂四大主星，即北斗星主的「紫微」、南斗星主的「天府」及中天星主的「太陽、太陰」等。

這四大主星都居有自主、領導、與衆不同及帶領潮流等意義。

但四大主星在行事上，卻是各有不同的表現手法。

如「紫微」一系為主的自主，即須主導去發號司令，指派其他人去為自己服務，以自己為中心，此謂之以我為尊的處理手法，必須具有帝皇風範、皇者氣度才得以成功。

如「天府」一系為主的自主，即以謹慎應酬、配合、協調，事事以環境的進退不同，酌量加減去配合。此即是以協調四周不同的變化、適應各種不同的環境而適當地去協調的處理方法，必須做到面面俱圓，具長者風範才得以成功。

如「太陽」一系為主的自主，即以佈施、慈愛、熱誠、具活力的手法，處處以助人為快樂之本，不去計較得失、是非及人我之分，不可懷恨，更不宜退縮，即主動地去付出，不計較回報，以服務群衆、樂於助人為目的，如是，才能得到太陽主施予、主貴的性質，不望回報卻自然感動他人，具仁者風範才得以成功。

如「太陰」一系為主的自主，即以大智慧、過人的觸覺、超然的見地、不得不被人欣賞和接受的才華，處處要加強自己的識力和學養，不斷令自己多方面的汲取知識，猶如月亮有盈虧圓缺的不斷變化，卻仍然予人以期待和吸引力。因此加強多方面的才華，吸收有用的學養，至為重要。必須做到有真實的才華，具智者風範才得以成功。

在一個斗數盤中，四大主星分佈不同的位置，即使四星中有時會兩星同宮，但主星的處理手法，或所要求的性質，基本上不會有所改變。必須依憑這些星主遇合的需要，隨星曜四化時的發動，或進或退，宜積極向外發展，抑或冷靜地從旁觀察和衡量、分析。這些處理手法就是任何星曜行經這四大主星的大運或流年時，視本宮遇合的不同情況，而有不同之處理手法。也可以說，在斗數盤中，最重要的宮垣就是看此四大主星而已。

四大主星分別處於兩個星系內：即「機月同梁」和「殺破狼」星系。

太陽主動、太陰主靜。屬「機月同梁」星系。

紫微主動、天府主靜。屬「殺破狼」星系。

在行經不同的大運時，這些動靜性質不變，也是紫微斗數趨避的重點宮垣，必須時刻加以注意。

由安星規律看天姚天刑

在《斗數百問》中，雪濤曾提出過：「天刑永遠會照天姚，彼此性質互有矛盾和牽引。如天姚守夫妻宮，天刑會在甚麼宮位？桃花性質如何？」

要回答天姚天刑這提問，淺者答淺，智者答深。

首先，需要從天姚天刑這兩星的安星步軌中理解。天姚、天刑，是斗數中的月系星。

天刑是刑法、紀律，具有一定的法規性質。而天姚剛好相反，是有兩套規則，有變化、柔和的溫婉性質。

天刑必與天姚在三方會照——

（依出生月排列）

正月生人　天刑在酉　天姚在丑　沖巳

二月生人　天刑在戌　天姚在寅　沖午

三月生人　天刑在亥　天姚在卯　沖未

四月生人　天刑在子　天姚在辰　沖申

五月生人　天刑在丑　天姚在巳　沖酉

六月生人　天刑在寅　天姚在午　沖戌

七月生人　天刑在卯　天姚在未　沖亥

八月生人　天刑在辰　天姚在申　沖子

九月生人　天刑在巳　天姚在酉　沖丑

十月生人　天刑在午　天姚在戌　沖寅

十一月生人　天刑在未　天姚在亥　沖卯
十二月生人　天刑在申　天姚在子　沖辰

天刑所在的宮垣，必加強該宮的原則、紀律、刑法、陽剛的性質，一般不宜坐落在六親宮垣。

如天刑在六親宮垣，彼此的感情便會較為冷淡，或主該宮的人事帶有刑法性、陽剛性。如父母宮坐天刑，主父母親剛強、有刑剋性質，會擎羊，往往是主動手術或災病困擾。

六親宮垣均不喜天刑坐守。

如天刑坐田宅宮，即主自己住的地方帶刑剋，即風水欠佳、環境帶煞。

如天刑坐福德宮，即主其人思想剛烈、脾氣倔強，不易接受別人意見等。

而天姚則帶桃花性質，而且有招手成親，偶爾邂逅即易生情愫的色彩。

如天姚在六親宮垣，即主該宮較為和氣，異性緣較深。

如自己為男性，天姚在父母宮，即表示自己跟母親的緣份較深。

如天姚在子女宮，即女兒與自己的感情較深等。

因為安星之規律，天刑天姚的分佈必有一定的相應。

·如天刑守命，天姚必在事業宮，刑姚必沖入財帛宮。

表示自己面貌外表帶陽剛氣息，事業上較易與異性接觸，因此取財的態度有剛有柔的性質，兩者並存。

·如天刑守父母宮，天姚必在交友宮，刑姚必沖入子女宮。

表示自己的父母、長上輩俱極為剛強，不易接受別人意見，也主當地司法機關、執法人員容易針對自己，依法辦事。而自己所結交的友人中，異性的友誼，必比同性的友人為親切。未必涉入桃花性質的，除非更會桃花諸曜。而子女宮卻受刑姚影響，而有剛柔不一、動靜俱有的不穩定性質。

·如天刑守福德宮，天姚必在遷移宮，刑姚必沖入夫妻宮。

表示其人思想剛強、魯直，不易接受別人意見。而外界對其人、其配偶等的看法，卻是正反不一，很容易有異性的群衆對其人產生好感。刑姚一併沖入夫妻宮，便主配偶輪廓突出、配偶的異性緣較深。

必須注意的是配偶異性緣深，不一定主配偶易有桃花，而是配偶與自己六親中的異性，關係較好而已。

・如天刑守田宅宮，天姚必在疾厄宮，刑姚必沖入兄弟宮。

天刑主剛強和刑法，天刑入自己田宅宮，表示自己所住的田宅具有煞氣，如在石山附近，或接近兵房、軍營、警署、屠房之類，或一般人不想去接近的地方、或形勢具陰峻之宅、或曾經空置多時的樓宇、凶宅等。總之在家宅內不會是有溫情、人氣旺的地方。

天姚居疾厄宮主二合一之病，亦是時感、時疫之當地流行病，有禍不單行之性質。

刑姚入兄弟宮便是自己與好友的關係是時剛時柔，或有或無。

・如天刑守事業宮，天姚必在財帛宮，刑姚必沖入命宮。

天刑的原則、紀律居事業宮，表示其人處事手法硬朗，不懂靈活變通。宜在法律界、軍警界中工作。

而天姚有「二合一」的性質，具異路功名的意義，表示其人會在截然不同的範疇內，謀取其他的利益。也主其人必在其他的工作與趣中，有完全不一樣的處事態度。

是以，刑姚這兩星，一剛一柔，一為刑法原則，一為靈活變通，同時沖入命宮，表示其人亦剛亦柔，有矛盾性質。

．如天刑守交友宮，天姚必在子女宮，刑姚必沖入父母宮。

天刑有刑剋性，坐落在交友宮，定主其人朋友緣份較稀，相識滿天下，知己無一人。也表示不宜與人長期合作，否則易招刑法麻煩。

天姚在子女宮，如自己為男性，即表示自己與女兒關係較佳，也表示宜招聘女性的下屬，會較具助力。如自己為女性，反之亦然。

刑姚對星沖入父母宮，表示自己的上司有二人，亦為「事二主」，而自己與直接上司的關係欠佳時，與非直接的上司關係較佳。

反之，亦然。

・如天刑守遷移宮，天姚必在夫妻宮，刑姚必沖入福德宮。

天刑居遷移宮，表示外界人一般不喜與自己接觸，也主其人面目木訥，外界人對自己不感興趣。

天姚為異性緣深，表示其人自己異性緣深。也主除了配偶外，必有其他寄情的地方。如攝影、收藏之類。必須更會其他桃花星及煞忌，才主其人有婚外情。

刑姚為矛盾之性質，一併沖入福德宮，便主其人對某些事情會極執著，對某些事情會極寬和、變通，有多種性格的傾向。

・如天刑守疾厄宮，天姚必在兄弟宮，刑姚必沖入田宅宮。

天刑已有災病性質，會擎羊，便是開刀做手術，加會煞忌，便帶有兇險性，除了主外傷，亦主有心肺方面的災病。

天姚居兄弟宮，主兄弟、好友對自己有二心，亦即有雙重的態度。故此，若與好友合作經營生意時，宜在多方面分類發展，亦宜分設不同的合作夥伴，與不同種類的公司去經營。

這時，便是原則與不同性質的矛盾一併沖入自己田宅宮之尅應，主其人有不同性質的工作環境與活動地區。

·如天刑守財帛宮，天姚必在命宮，刑姚必沖入事業宮。

天刑為原則、法律，具不動搖和不可改易的性質，表示其人的價值觀由始至終都不輕易動搖。

天姚為異性緣，表示其人異性緣重，適宜從事靠異性生財的行業。

刑姚入事業宮，即表示其人工作有剛柔的性質，既講求協議、原則，也甚得人緣，為靈活變通的行事表現。

·如天刑守子女宮，天姚必在父母宮，刑姚必沖入交友宮。

天刑守子女宮，表示子女性格倔強，具刑剋的意義，感情冷淡，子女的面目輪廓較為突出。也主子女與自己有隔膜。加會天壽，自己與子女的代溝問題甚為嚴重。

天姚在父母宮，即為「事二主」，表示其人起碼有兩個上司。如在童年時，既受自己父母管教，也受祖父母養育教治甚多。會左右，古代稱為「吃二母之乳」，即由其他人養育成人，非由父母。

而刑姚沖入交友宮，即表示友人對自己有刑剋，亦有異心，難得知心好友。

・如天刑在夫妻宮，天姚必在福德宮，刑姚必對沖入遷移宮。

表示其人配偶的生活節奏、興趣取向與自己不一致。亦主配偶面目突出，輪廓分明。配偶的行事態度比自己更為果敢、決斷。而其人福德宮天姚坐守，表示思想複雜，有多種性格。亦為喜歡同一時間處理許多事情，興趣廣泛。

刑姚沖入遷移宮，表示外界人對自己的評價不一，一則以挑剔、問難的態度；一則以招手親近的妥協態度。二者頗為極端。

・如天刑在兄弟宮，天姚必在田宅宮，刑姚必沖入疾厄宮。

天刑為刑法，當天刑居兄弟宮，表示其人易得諍諫之友。但不宜與友人長期合作，否則容易與夥伴興訟。

天姚居田宅宮，表示其人會有兩個住家，或在多處地方工作、工作環境不固定等等。

刑姚入疾厄宮，表示災病，亦為禍不單行之徵應。

以上，即為天刑天姚分處十二宮時的基本尅應。

這些基本意義是由安星的規律而產生的。當深入研究安星法後，便能對刑姚的安星規律有一定的理解。而對十二宮的影響，亦必可得到一些概括性的認知。這些意義，對日後全局的綜合觀察和推斷，有極深重的影響，亦是利用十二宮的矛盾性質去觀察全局的導引。而這些矛盾性分處不同的宮垣，自有不同的尅應，這就是《紫微明鏡》「內篇」的主旨了。

紫微十二宮次圖

一 紫微在子

太陰（巳）	貪狼（午）	天同 巨門（未）	武曲 天相（申）
天府 廉貞（辰）	一 紫微在子		太陽 天梁（酉）
（卯）			七殺（戌）
破軍（寅）	（丑）	紫微（子）	天機（亥）

二 紫微在丑

廉貞 貪狼（巳）	巨門（午）	天相（未）	天同 天梁（申）
太陰（辰）	二 紫微在丑		武曲 七殺（酉）
天府（卯）			太陽（戌）
（寅）	紫微 破軍（丑）	天機（子）	（亥）

三 紫微在寅

巨門（巳）	廉貞 天相（午）	天梁（未）	七殺（申）
貪狼（辰）	三 紫微在寅		天同（酉）
太陰（卯）			武曲（戌）
紫微 天府（寅）	天機（丑）	破軍（子）	太陽（亥）

四 紫微在卯

天相（巳）	天梁（午）	廉貞 七殺（未）	（申）
巨門（辰）	四 紫微在卯		（酉）
紫微 貪狼（卯）			天同（戌）
天機 太陰（寅）	天府（丑）	太陽（子）	武曲 破軍（亥）

五 紫微在辰

天梁（巳）	七殺（午）	（未）	廉貞（申）
紫微 天相（辰）	五 紫微在辰		（酉）
天機 巨門（卯）			破軍（戌）
貪狼（寅）	太陰 太陽（丑）	武曲 天府（子）	天同（亥）

六 紫微在巳

紫微 七殺（巳）	（午）	（未）	（申）
天梁 天機（辰）	六 紫微在巳		破軍 廉貞（酉）
天相（卯）			（戌）
太陽 巨門（寅）	貪狼 武曲（丑）	太陰 天同（子）	天府（亥）

七　紫微在午

天機　巳	紫微　午	未	破軍　申
七殺　辰	七　紫微在午		酉
太陽 天梁　卯			天府 廉貞　戌
武曲 天相　寅	天同 巨門　丑	貪狼　子	太陰　亥

八　紫微在未

巳	天機　午	破軍 紫微　未	申
太陽　辰	八　紫微在未		天府　酉
武曲 七殺　卯			太陰　戌
天同 天梁　寅	天相　丑	巨門　子	廉貞 貪狼　亥

九　紫微在申

太陽　巳	破軍　午	天機　未	天府 紫微　申
武曲　辰	九　紫微在申		太陰　酉
天同　卯			貪狼　戌
七殺　寅	天梁　丑	廉貞 天相　子	巨門　亥

十　紫微在酉

破軍 武曲　巳	太陽　午	天府　未	天機 太陰　申
天同　辰	十　紫微在酉		貪狼 紫微　酉
卯			巨門　戌
寅	廉貞 七殺　丑	天梁　子	天相　亥

十一　紫微在戌

天同　巳	天府 武曲　午	太陰 太陽　未	貪狼　申
破軍　辰	十一　紫微在戌		天機 巨門　酉
卯			天相 紫微　戌
廉貞　寅	丑	七殺　子	天梁　亥

十二　紫微在亥

天府　巳	太陰 天同　午	貪狼 武曲　未	太陽 巨門　申
辰	十二　紫微在亥		天相　酉
破軍 廉貞　卯			天梁 天機　戌
寅	丑	子	七殺 紫微　亥

十四正曜縱橫談

一、紫微

星情詳義

紫微乃是紫微斗數中至尊的星宿，又名帝座。專司官祿，即事業之星，五行中屬陰土。

在數專司爵祿，有解厄、延壽、制化之功。

紫微為帝座，皇帝是獨一無二的，心胸較狹，且耳軟心活，為至尊之謂，即有以我為王、以我為主的性質。

紫微帝星有自我中心的基本性質，自我意識很強。因為紫微為帝星，所以很愛面子。

其人行事多帶志氣高傲和固執，不顧一切，有剛愎自用、好惡隨心和隨心所欲的色彩。其人絕不能認同別人可以比他強的事實。

如是，可視之為獨立不群，為一切事物的主人翁之謂。

即不論發生任何事情，皆要先滿足紫微的需要為首務。

如紫微居疾厄宮，則有任何的輕微小病，也會大驚小怪，或小題大造。其人必會以健康為首要，一有小病，即仿如天下大亂，什麼事也做不到了。

也就是說，其人必定要在身心處於正常而且健康的情況下，才會安心地去工作。

如紫微在三方會合的府相得祿，則可視為財勢俱備，確有帝皇之象。有三台八座會入，則社會地位更高。

若在三方會合得左輔右弼之助，即主有助力，人緣較為和順，也主其人的胸襟亦較廣，有不計較前嫌的豁達大度。

若在三方會合得文昌文曲，主其人有學識，也有才智，亦能減輕紫微的高傲和主觀，氣質較為高雅。若在三方會合得天魁天鉞，就可提高個人機遇，這些輔助諸曜，都能增加其人的地位。

但如果百官不足，則是群臣遠離，謂之孤君。其人主觀甚深，心高氣傲而喜惡隨心，不易與人相處，少成多敗。

加四煞，即為無道之君，更為下格。假如其人的福德宮不佳，乃為卑俗之人。

如紫微星系居兄弟宮，則其人必視兄弟甚為重要。

其人奉兄弟、好友為至尊，事事會以滿足兄弟所需為重點。可是其人的兄弟好友，卻有自我為中心、志高氣傲、固執不變、不顧他人的感受，有剛愎自用、好惡隨心的性質。

紫微的以我為尊的性質，表現出來的常態，多半是面對挑戰。

紫微星系守命者，由於安星的排佈規律下，諸星均以紫微為中心去排佈發展。故此人自我中心的思想，便不得不與日俱增。

亦由於有這樣的發展傾向，紫微星系守命者，便能創造運氣，擅於製造自己的王國。

惟如是，其人的好自作主張和自以為是的生活模式，亦必然不自覺地與日滋長。

當紫微星系守命者獨立能力加強時，也是最固執、最倨傲之時。

為求目的，其人甚至會不擇手段，去滿足一己的私慾。

這點性質，可以由紫微一曜為自我中心談起……看其事業宮必定為廉貞星，主重現精神上滿足；而財帛宮即爲武曲，主短慮，對付出多少代價會毫不在乎，或不去斤斤計較的星系組合中可窺探出來。

由於紫微星系守命者過份自我中心，很多時，其人會忽略其他朋友或妻兒子女的存在。而他所埋首去做的，便是為自己的工作和目標而奮鬥不懈。

也可以說，不理付出多少的努力與代價，紫微星系守命者亦會不惜一切地付出，即使導致六親關係淡薄，其人亦不理會。

紫微星系守命者對人事的態度，往往亦甚為極端。

前人論議紫微星系守命者是愛惡隨心，有愛之欲其生，惡之欲其死的看法，與此同一理。若依上述紫微、廉貞、武曲的星曜分佈來理解，便能清澈地明白紫微愛惡隨心的由來了。

從紫微星系守命者的事業宮而言，其人往往確是可以因絕對性的投入拼搏，而拼出機遇。

但若紫微星落在兄弟宮，則自己便成為棋子——一隻為兄弟去拼出機遇的棋子。

而兄弟好友是紫微星對自己的態度，便是愛恨極端。而自己往往是可以被兄弟或好朋友去犧牲的一隻棋子而已。

如是思維、如是理解，便可知紫微此星自我為中心的實義了。

紫微星系守命者的好強、好勝本質，極容易造成「**成也在好強，敗也在好強**。」

這情形，便是因為好強的逞威，令自己蒙蔽起來，當危機臨身，已經是群賢盡去，噬臍莫及了。

過份的唯我獨尊，自覺其他人比不上自己，或不肯將實權交予合作夥伴，如是，每每令紫微星系守命者更形孤立無援。

當紫微在子午二宮獨坐時，這自陷於孤立的局面，最常遇見。遇煞或單星會入，其孤立的形勢，更容易出現自視過高。

在一起共事時，其人總是想處處佔上風，為此，其人不惜坑害別人，或處處貶損別人。

這種好勝、好強的心態，以致要表現出唯我獨尊的強勢，以為貶損別人，就可以達到抬高自己、達致以我為尊的目的！其實，恰好適得其反。

當紫微在子午二宮獨坐成孤君，又遇煞，許多時候會變成人人都不敢與之結交。甚至會發展到人人都好像躲瘟疫一般地躲避他，惟恐沾上其人，自己便會受到貶損，失去做人的尊嚴了。

結果，孤君的紫微星系守命者，只會落得越來越孤立的下場。這點缺失，必須在後天加強個人修養，務令自己胸懷磊落、器宇豁然，才可化解內心寂寞的不利。滿招損，謙受益，是紫微在子午二宮獨坐成孤君，又遇煞時的最佳格言。

很多人對**紫微守命宮跟紫微守福德宮的定義**分辨不清，且容雪濤打一個比喻——

以紫微獨坐午宮為例，其人命宮在午位，福德宮是申位的破軍。

其人自我中心的意識甚強，獨立不群，不服膺任何人。其人表現出來的態度是：反叛性極強，不甘於平凡，即使做出一些違經叛逆的行為，只要能突顯自己的身份、形象，亦絕不計較。

這情形，如紫微居午的人在初出身為人打工，假設是一間公司內的信差，其人亦會自命身價十分重要。對上司採不服從的態度，因其人以為上司事事不如他，而其人處事態度，乃至人生觀，皆會有極強的反叛性，務求突顯身份。縱然其人地位低微，亦會有此自我中心、孤立，要別人遷就他，不輕易向人請教，亦不輕易向人屈服。

這便是紫微守命宮，福德宮是破軍的基本徵應了。

如果紫微居午宮是其人的福德宮，情況又會如何呢？

那就是說，其人是七殺在辰宮守命。

七殺是掉臂而行之星，命運使然，七殺守命者做事的手法會偏向理智，一生多遭歷練艱危之事，具孤立的命運，卻並非自我中心之命運。

如果福德宮是紫微，表示在任何情況下都會有一個極尊貴、極崇高的理想和信念。縱然在初出身時，是公司內的信差，其人會全力拼搏地工作，開創力極強，思想也很偉大，每每是有一個理想，縱然目前命運未佳，其人深信捱過不順遂的困難後，自可以有平順的日子到來。

對上司不會不服從，只是彼此不協調、不一致而已。其人不會有反叛性，只要認定了目標，便會全力以赴，而忽視了自己的健康，甚至是生命也在所不顧。

這就是命宮是紫微星坐守，與福德宮是紫微星坐守的基本分別。

當會上不同的星曜時，性質還會更加複雜，須加減判別之。

◉凡紫微星系守命，其人兄弟宮必爲天機星系。

天機是機變之星，隨遇而改變。包括改變立場，改變觀念，改變生活習慣。

紫微星系守命者，年紀越大，兄弟間彼此的間隙越闊。

天機主有機心，由是引申，即彼此緣份不深，兄弟感情多變。兄弟間的互有猜忌，越來越有成見，乃至各走極端，各去東西，這是**紫微星系守命者與兄弟宮天機星系相比較下的必然結果**。

紫微星的兄弟宮不見煞忌，主各有機心。同宮或在三方更會煞忌，則變化的程度可能更形複雜，而且彼此的平等關係，必然破裂！

是以，凡紫微守命，其人只可高高在上的獨營，去行使監管權。切勿與人長期合作經營，不論怎麼吉化，亦甚難會有好的結果。故此紫微星守命者，宜注意這個性質。

現代社會已較多「工作小組」，這種講求平衡合作的社會生活方式，對紫微星系守命者來說頗不易適應。

紫微星系守命者，必以自我為中心，即表示任何事、任何六親的存在，俱以自我為中心。而紫微命主的兄弟宮是天機為謀臣、為軍師。

如果命宮是紫微星坐守，只是新晉，紫微星系的自我中心性質，會使其人不輕易與人合作。即使對方的年資與實力都比紫微星強，其人仍會維持自己的尊嚴，不會輕易紆尊降貴地與人協調。

其人喜好以自我為中心，喜向人發號司令，不甘受同事、夥伴支配，這點對初入行的紫微星系守命者來說，會是一種屈辱。

要消弭這種不利的情況，惟有加強紫微星系守命者在學識上、專業知識上確然有一個極高極專業的水平，才能較易與同事協調，也較容易在今日的「工作小組」中與其他人共事。否則，必招人排斥，無法與別人安然合作。

是以凡紫微星系守命者，一生不宜長期與人合作，宜獨立經營，獨立行事。或經常主動去變換合作夥伴，也是一種趨吉避凶之法呢。

◉凡紫微星系守命，其人夫妻宮必爲殺破狼星系。

殺破狼為獨立性甚強之星，是以凡紫微星系守命者，其人的行動、寢息時間，極少是跟配偶一起的。乃至工作的合作夥伴，其配偶亦甚少是有參予的。

只有天府、天相居夫妻宮時，紫微星系守命者才會有機會跟配偶的作息同時。否則，一般而言，夫妻二人的日常生活，必有如參商二星的關係。

紫微星系守命者，其夫妻宮若為殺破狼星系坐守，因殺破狼為開創之星，即配偶不喜受其干擾，卻又偏偏不得不受其統治與支配。

是以凡紫微星系守命者，一有機會，其人配偶便會自己去獨立開創。即是不喜歡與命宮是紫微星的配偶一起出雙入對，多呈現獨立性也甚強的性質。

殺破狼又為變化強烈之星，也代表其人對配偶的態度或與配偶間的關係，在婚前婚後的變化，有極大和極顯著的分別。

夫妻宮會煞，則肯定始熱終冷，甚至是二人終成怨偶、離婚。

夫妻宮會昌曲鸞喜，則又會變成人前親熱和好，背後則經常勢成水火、虛情假意。

跟夫妻間的相比下，紫微仍有自我為中心的色彩。

故此，就紫微星系守命者的夫妻宮而言，其人之配偶便容易有受到紫微冷落之性質了。

至於夫妻宮的詳細剋應，請詳雪濤的《夫妻宮秘傳眞訣》一書。

此書內載夫妻宮之推斷法甚詳，而且亦是借夫妻宮一宮，來演繹紫微斗數在推斷時的重要心法。

此書耗去雪濤的心血極多，讀者宜細心閱讀之。

◉凡紫微星系守命，其人子女宮永遠是太陽星系。

太陽主發射和施而不受。

相對於紫微來說，便是弟子、下屬和子女等，對紫微星系守命者真誠付出，不計較回報之謂。

子女宮太陽星，是主子女付出真誠、給予幫助、無條件和不計較性的義務質甚重。

故此，紫微星系守命者，可憑藉其人下屬的熱誠參與，而在事業上達致鼎沸、蓬勃的局面。

最怕的是紫微星系守命者，不肯下放權力，每事仍以自我為中心，要親自發號施令，對任何人、任何事都要全權支配和統治，如是，則會變成自己過份集中，相形之下，子女宮勢必出現離心的發射。變成質素好的子女與下屬，必會因種種原因而離開自己，甚至演變成下屬紛紛在外割據一方的局面。

這結果，便是因為紫微是北斗星主，而中天星主是太陽，太陽本身亦具有領導力。如太陽星系的結構比紫微星強，其人子女的成就往往遠勝自己，這便是青出於藍而勝於藍的結果了。

故此，擴大其公司成為公衆能自由參與的機構，便合紫微星系守命者的命格。

如開設學校、電腦網站、會所、寵物店之類，均屬之。

亦可成立大機構、企業化規模的公司，將主要業務分派予主要下屬去全權經營，而自己則在幕後操控，則是最成功之監察，也是最佳之安排了。凡紫微星系守命者，宜注意這種趨避之法。

◉凡紫微星系守命，其人財帛宮必爲武曲星系。

武曲為財星，為行動取財之星。

財帛宮是主其人對待利益的態度，也就是說評審其人對事物的價值觀之宮垣。

財帛宮必直接對拱其人的福德宮。正是顯示出：其人對待財帛與利益的態度。

武曲一星為短慮，表示其人付出的代價與回報是不成正比的，也就是說為求達到目的，不惜付出更高的代價，有不擇手段也要達到自己目的的性質。

前人評紫微，往往專就好的一面去阿諛奉承，但就紫微斗數的星系學理而言，紫微的財帛宮為武曲，即其人對代價是有短慮、不理付出的代價是否理智和價值的性質。

而其人的事業宮必為廉貞星系，即表示其人的行事往往以精神上、心理上的滿足感為主，很有感性的意味，甚至會意氣用事，不顧一切地付出更高昂的代價，也要完成自已的目標。

這是紫微星系守命者一般常有的現象。

越見孤君，無百官朝拱的紫微，越見強烈的自我中心。所支付的代價，往往較大，而且帶有衝動和短慮的性質。

武曲的行動進財性質，顯示出紫微守命的財帛性質，是必須切實行動才可以進財。

故此，逢紫微守命，為較勞心進財。

最大的參與及最成功的利益受蔭行業，是專權、受託性質為主的代理業務性質。

如代理汽車、唱片批發、建築物料、品牌專營權、石油或黃金之類的代理商等等，均屬之。

◉凡紫微星系守命，其人疾厄宮必爲天同星系。

天同為泌尿系統。主內分泌、生殖機能或膀胱等疾患。

天同為福星，一般情形下，皆為福澤，故主意外災患較少。

天同是陽水，多為下瀉、實症。

就以紫微星系守命者而言，其人之病患多為實症。如筋膜炎、跌打扭傷、胃下垂、腹瘤、肚瀉、下部發炎腫痛、牙肉出血之類。

天同是福星，但天同的福澤並非不求自得的。必須先經歷一番磨難後，才能顯出天同的福澤力。故此，其人若有疾病，則多數是經年不癒的痼疾，但多半只是較輕微的疾患而已。

推斷疾厄宮，要兼察其人命宮三方本質、福德宮三方本質及疾厄宮三方本質等三宮齊觀，共同參看，以推求出其人的體質特性。這是牽涉到命宮星系、福德宮星系與疾厄宮星系的重疊觀察法。如是，才能推斷出其人的身體狀況，也較困難和吃力，讀者宜識之。

⊙凡紫微星系守命，其人遷移宮必爲殺破狼府相星系。

帝座不喜御駕親征，只喜指揮、發號施令。

是以，凡紫微星系守命者，一般主不喜在外地經商，若以本地為基礎，遙控外地貿易，則不忌。

但仍主外地商貿必有一次或以上的打擊，須端視流年、大運的尅應如何。

以紫破的祿馬交馳，為唯一喜在遷移宮開創致富的特例。

紫微星系守命者的遷移宮，相較之下，動靜的對比，分別甚大。

如會得府相穩定的話，則紫微星守命者便適宜經常性出門工作，或適宜移居外地生活。

如會得殺破狼星曜是煞忌沖疊，即主變化和起落較大，則其人移民或出門面對的壓力，定然不少了。

同理，在推斷紫微受外界的關注程度，亦可依此原則去推定。可憑此，兼視其人之社會地位，或其人對他人之影響力如何。

一般而言，凡紫微星系守命者，其人的遷移宮穩定，則反映出其人之開創有限，對其他人的影響力，也較為微薄。

如果遷移宮的變化是巨大的話，則代表其人能對其他人帶來頗大的影響。

亦應兼視田宅宮之機月同梁星系的格局大小，來協助推算其人對社會、生活圈子的範圍，會有甚麼程度的影響。

◉凡紫微星系守命，其人交友宮必爲機月同梁星系。

就以紫微自我、自尊的性質而言，相對來說，其所交的朋友都只是規行矩步、因循守舊和開創力不足之人為多。

這種組合，也加強了帝星自我中心的性質。

紫微星系守命者的交友宮必為較弱，這是相比較紫微星系是斗數盤中的星主，諸星皆以此星為中心的緣故。

故此，相形交友宮的「機月同梁」星系，便會顯得因循守舊，即使變化、改革，亦不足以與紫微星系守命者去平衡配合。

這點，亦是側寫出紫微星系守命者之友儕甚少能威脅或影響到其人了。

情況亦非絕對性的，例如其人的父母、兄弟、交友宮之結構謹密、穩定，則反映出紫微星系守命者之勢孤力弱，必須事事親力親為和勞心勞力。

這時，紫微星系守命者，宜放下自我尊嚴，心平氣和地與兄弟、下屬、友好共同合作。如是，其人的成功機會才可以更大。

無容置疑的是，凡紫微星系守命者，甚少有平輩的朋友。

除非會上左輔、右弼，即變為甚得知心好友的提扶幫助，才可成為例外情形。否則終其一生，紫微星系守命者都只會視朋友為棋子，任其差遣而已。這便是輔助諸曜足以影響星情的一個例子，亦是推斷斗數時，宜以自力抑他力去面對、化解困難的指引，不容輕忽呢。

◉凡紫微星系守命，其人事業宮必為廉貞星系。

廉貞的基本意義為政治，擅於交際手段，當廉貞居事業宮時，便主其人在工作或社交的酬對上，具八面玲瓏的手段，處事有泱泱大度之風，且能掌握大權。

紫微星系守命者處理人際關係時，其人一方面會主觀行事，一方面又帶一板一眼，間中言笑輕鬆地去談笑用事，一方面又會絕對無情。

同一時間，既帶風趣，又帶嚴肅，表現出來的矛盾性便是旁人難以揣摩其人，有談笑用兵性質，是工作上能幹的人，只是不甘受人差遣和指揮。

凡紫微星系守命者，廉貞星系居事業宮，其人總是不大計較自己付出的努力如何，而且處事的手腕，也最為高明。所得的回報，亦只以自我為中心，不太理會旁人的感受。

甚至，其人處事帶點自欺欺人的性質，在紫微命主來說，總是可以不慌不忙地，砌詞出一些美麗而又合理的解釋，去支持自己每一言、每一事的處理手法。

倘昌曲文曜會入，則紫微命主的氣質自能和順、謙厚，乃至處事手法亦會變得不亢不卑，甚為得體了。

如果，其人能定下一個長遠而遠大的理想，便確然可以不理付出任何巨大的代價，不畏困難地去達成目標。

因此，定下一個不朽功業為目標，對紫微星系守命者而言，極有意義，也極為重要。

◉凡紫微星系守命，其人田宅宮必會照太陽。

端視太陽此星的入廟與落陷程度，來判定格局之高低。太陽為公衆、為熱鬧，故宜公共事業。即是適宜住在公衆人士熟悉的地方，具有透明度的地方。亦宜居住在繁榮的大街或廣為人熟悉的地段。

否則，居住不過三年，其人必定遷出。

由於田宅宮須視太陽的入廟程度來定其刑剋，因此也主田宅內多生是非。

倘若太陽入廟，則其人的服務機構頗大，內裡人事鬥爭甚多，但自身不致牽涉在內。

倘如太陽落陷，則其人的服務機構雖小，但公司內的人事紛擾甚烈，自身也被波及。

因太陽失地，巨門的是非性便增強，而天梁的刑剋性亦更糾纏不休了。

田宅宮的機月同梁星系，一般而言是穩定的。

相比較紫微星系守命者，無論其人面對如何風波變化，總可以有一個變化不大的家宅環境，可堪寄身其中。因此，紫微星系守命者便甚具老闆命。

太陽入廟，則太陰亦必同時入廟。只有丑未二宮例外。紫微斗數甚重視中天星之日月是否得位乘旺。

只要太陽太陰入廟，則紫微星系守命者田宅宮的格局便能宏大，也表示其人活動範圍是上格、大格局。其人成功的機會也較大，聲勢亦因而巨大起來了。這便是日月可間接影響紫微的格局之原因。

紫微星系守命者，在三個情況下，田宅宮宮垣是無主星的。即紫微獨坐、紫相及紫殺時，這時，其人田宅之興衰變化轉劇，吉凶亦差異極大。在推斷紫微斗數時，宜加以注意之。

◉凡紫微星系守命，其人福德宮亦必爲殺破府相狼星系。

主思想帶無情義、剛毅或剛暴色彩。

須視文曜之會合，以定情義之有無。

紫微星系守命，其人福德宮亦是殺破狼府相的星系，但紫微是衆星之主，在斗數盤中衆星亦為之拱向朝揖。南北斗星群亦因紫微一星來佈列，是以有領導的意味。

就以紫微星系守命者而言，即使是殺破狼這些主動改創的星曜居於福德宮，其人亦多以自己為中心，去行使殺、破、狼、府、相等等不同的思維與性格而已。

如紫微在子午守命，破軍在寅申二宮爲福德宮，其人的剛霸、變動，往往是最不留餘地、最好逞強和最固執的性格，有偏聽偏信的性質。

這類性質的成敗，完全由性格支配著命運。

如果其人選取獨立經營的生意，容許自己可以天天自作主張、可任意妄為，則其自以為是的破壞力，便會減至最輕。

起碼，不需受別人的干涉和指使，而減免許多衝突。

要注意的是：如紫微在子午守命，破軍在寅申二宮為福德宮，不論命宮抑或福德宮，都甚難同時會照文昌文曲，多屬僅見文昌而不見文曲，或僅見文曲而不見文昌。不論命宮抑或福德宮，亦無昌曲夾，是以加強了命運的偏見或思想的偏激，因而容易做出不全面、不周全的判斷。一孔之見、欠缺周詳，是對紫微在子午守命者而言，有很大的影響。只有紫微居午，申時生人或紫微居子，寅時生人，為例外也。

如紫破在丑未二宮，則福德宮必爲天府居卯酉二宮，自身具有勇有謀的開創命運。

而思想上，卻是保守、穩定，宜謹慎繼承的。因此，往往造成命運多跌宕變化，內心多猶疑、困倦的矛盾局面。

如紫府在寅申二宮，則其人福德宮必為辰戌二宮的貪狼獨坐。紫府為南北斗星主，二者同宮，本身已甚為矛盾，同一時間陷於進取和保守的兩難局面，這是其人際遇的寫照。

而思想上卻有一種不甘平淡的追求和熾燃的慾望。最容易使自己進退兩難的，便是這類命格組合了。

如紫貪在卯酉兩宮守命，卻有天相獨坐福德宮。或借星為卯酉二宮的紫貪守命，福德宮卻成武曲破軍了。

紫貪星系守命，稱之為桃花犯主，原因是主慾念之貪狼與帝星同度，有過份沉迷嗜好，而致有荒廢政事之傾向。

如紫貪在卯酉兩宮守命，天相居福德宮，則較受周遭朋友或同事影響，情況可能更好或者更差。這時尤須仔細端詳三方左右會合的星系性質，再作審評。

而破軍武曲居福德宮，不喜受人束縛和不甘受困的性質更甚，反而會變得越想去說服紫貪，此時其人越會變本加厲作為對抗。此即破軍一曜的不受制、開創力強的反抗性質。

如紫相在辰戌二宮爲命宮，其人福德必爲七殺獨坐。

天相為怕煞和敏感之星，卻又與帝星同宮，成為拑制了帝君之組合。有受困、受約束，極想突出羅網的基本色彩。

而福德宮的七殺，卻是沉吟福不榮、孤獨和自我流放、與人寡合的性格甚為強烈。也是衆多紫微星系中，最易犯上衆叛親離及一意孤行之組合。

如紫殺在巳亥兩宮，福德宮無主星，主其人思想不穩定，容易改變立場。借武貪來安宮，卻變成親力親為，似擅於變化，卻同時亦有短慮、思想上常有追悔和不大肯定的性質。
其人做任何事往往是一邊正在計劃，一邊已親力親為地去執行計劃。這是自勞其身心之命格。
整體上，不論甚麼星曜居於紫微星系守命者的福德宮，其人都以自己的利益為出發點，只因福德宮之星曜不同，而有不同的表現手法而已。
◉凡紫微星系守命者，其人父母宮必會照天同。
天同之福澤，必為先苦後甜。故主感情上有缺憾，非外人所能理解。
也主父母過份庇護和溺愛。
有先破後成性質，故此不利母親。

亦主日後亦甚少侍養母親，雖則心中有千般不願意冷落父母，但仍主刑剋母親。乃古人稱之「軟剋」是也。

就紫微星系守命者而言，父母宮的「機月同梁」星系，帶有一種因循、保守、欠缺開創的性質，可知其人父母的管教，一定不會太嚴苛。

反而相對地會是父母、長上輩極為遷就自己。

由於紫微有自我中心的性質，因此，紫微星系守命者，亦極難得遇有恆久、有力的衣食父母，或具雄厚管治力的長上輩。

其人往往是自以為是，且亦不受長上輩監管的人，在其上司眼中，紫微星系守命者是招妒和遭人打壓的眼中釘。

由於紫微星系守命者的管理、行動力俱強，故此，往往表現出其個人的才華與能力甚高，其人之上司只得又愛又恨。

相對地，在紫微星系守命者心目中，其上司必屬保守、因循、開創力有所不足的保舊派人士。

其人往往不會依循其上司的規範，多數會有自己的一套工作、處事方式，必與上司指導下的形式不同，而又同樣地達到預期效果的。

相比較之下，紫微星系守命者往往能夠做到「青出於藍而勝於藍」的結果。

作為紫微星系守命者之長上輩，只得更加勤奮，務令自己自強不息，才能把紫微管治得較為馴服了。

小結

紫微：為帝座、領袖、自尊、權威、頑固、獨斷、內心難測度、自以為是。

整個十四正曜皆以紫微為首，故為領袖，有掌管朝政、號令衆星的基本性質。

為領袖而無左右、昌曲、龍鳳、輔誥、恩貴，便反成無道孤君。由於有自我中心、以我為尊之性質，故即為自私。相比較其六親宮位，便知其中的差異所在。

紫微星系守命者之以我為首，不易接受兄弟、朋友之勸言，是為頑固。美其名，即權威、獨斷、尊貴、威嚴。

福德宮亦殺破狼之大變動，故其思想之前後轉變，可成強烈之對比，故稱思想不可揣度。

明此性質，即知紫微之星情性質，實為揣摩其十二宮之組合所得。

因此，如對星系的理解更深入，在推算命運時，才會更清徹和明白。

天機十二宮宮次圖

一 天機在亥

太陰 巳	貪狼 午	天同 巨門 未	武曲 天相 申
天府 廉貞 辰	天機在亥	一	太陽 天梁 酉
卯			七殺 戌
破軍 寅	丑	紫微 子	天機 亥

二 天機在子

廉貞 貪狼 巳	巨門 午	天相 未	天同 天梁 申
太陰 辰	天機在子	二	武曲 七殺 酉
天府 卯			太陽 戌
寅	紫微 破軍 丑	天機 子	亥

三 天機在丑

巨門 巳	廉貞 天相 午	天梁 未	七殺 申
貪狼 辰	天機在丑	三	天同 酉
太陰 卯			武曲 戌
紫微 天府 寅	天機 丑	破軍 子	太陽 亥

四 機陰在寅

天相 巳	天梁 午	廉貞 七殺 未	申
巨門 辰	機陰在寅	四	酉
紫微 貪狼 卯			天同 戌
天機 太陰 寅	天府 丑	太陽 子	武曲 破軍 亥

五 機巨在卯

天梁 巳	七殺 午	未	廉貞 申
紫微 天相 辰	機巨在卯	五	酉
天機 巨門 卯			破軍 戌
貪狼 寅	太陰 太陽 丑	武曲 天府 子	天同 亥

六 天機在辰

紫微 七殺 巳	午	未	申
天梁 天機 辰	天機在辰	六	破軍 廉貞 酉
天相 卯			戌
太陽 巨門 寅	貪狼 武曲 丑	太陰 天同 子	天府 亥

七 天機在巳

天機 巳	紫微 午	未	破軍 申
七殺 辰	天機在巳	七	酉
太陽 天梁 卯			天府 廉貞 戌
武曲 天相 寅	天同 巨門 丑	貪狼 子	太陰 亥

八 天機在午

巳	天機 午	破軍 紫微 未	申
太陽 辰	天機在午	八	天府 酉
武曲 七殺 卯			太陰 戌
天同 天梁 寅	天相 丑	巨門 子	廉貞 貪狼 亥

九 天機在未

太陽 巳	破軍 午	天機 未	天府 紫微 申
武曲 辰	天機在未	九	太陰 酉
天同 卯			貪狼 戌
七殺 寅	天梁 丑	廉貞 天相 子	巨門 亥

十 天機在申

破軍 武曲 巳	太陽 午	天府 未	天機 太陰 申
天同 辰	天機在申	十	貪狼 紫微 酉
卯			巨門 戌
寅	廉貞 七殺 丑	天梁 子	天相 亥

十一 天機在酉

天同 巳	天府 武曲 午	太陰 太陽 未	貪狼 申
破軍 辰	天機在酉	十一	天機 巨門 酉
卯			天相 紫微 戌
廉貞 寅	丑	七殺 子	天梁 亥

十二 天機在戌

天府 巳	太陰 天同 午	貪狼 武曲 未	太陽 巨門 申
辰	天機在戌	十二	天相 酉
破軍 廉貞 卯			天梁 天機 戌
寅	丑	子	七殺 紫微 亥

二、天機

天機屬陰木，南斗第一星。是仁善之星，為兄弟主。乃智慧、仁善、術數之星，是奔動之宿。

星情詳義

喻為謀臣，善機變，能善能惡。會合文昌文曲、龍池鳳閣、化科等，主其人聰明絕頂，且能用於正途。亦喜天才，主其人在數理及邏輯思維有獨特的見地。

天機遇天虛或大耗，固然有體虛氣弱性質，也主其人內蘊不足，有心術不正、好行險徑、貪僥倖之心理。

亦不喜火羊夾、火鈴夾、空劫夾，主天機多虛少實，變化翻騰甚多而得到的回報少，實際的回饋不足。

天機為謀臣之職，本身即有近貴性質，故此在寅申二位，得紫貪與天府相夾，為南北星主相守，亦主易有機會得到擢升和受長上輩提扶、欣賞，容易有所表現。

在辰戌二位，得紫殺與天相相夾，君臣相夾，上傳下達最為直接，也最易涉入吉凶不定、成敗不一的複雜人事中，這個天機天梁是帶有險中求勝的意味。

以上的性質，對天機至為敏感，最要留意。

天機為謀臣，是以思想縝密和計劃周詳見稱。

天機此星聰明、機警、好動、好學，而且心地善良，勤勞認真，處事有條理，冷靜有魄力。

天機也是幕後的參軍，為幕僚，不主在前方執行任務。因此，天機擅長的，是提供意見，卻不利自己切實執行。宜以幕僚為主要發展之專長，不宜做老闆或自行創業。

惟當天機在三方不會吉星祥曜，又見煞曜、化忌及不良雜曜，如鈴星、陰煞、天月之類時，天機性質變為不良，而流於奸詐，且多在異路功名中取利。

由是可知天機對於輔佐煞曜、化星等，非常敏感。

天機星坐命宮者，有博學而不精的性質。即喜歡學習多種技能及新鮮的事物，且必對新科技充滿好奇。

但卻往往因學得太多太雜，而有博而不精的傾向！

一般而言，化權能增強天機的穩定性，亦加強其抗煞能力，故天機最喜化權。

天機的父母宮，永遠是紫微星系。

因此便有自己出主意，去為長上輩、老闆、上司等提供意見的性質。也主自己的雙親有自我為尊、固執不變的傾向。

作為參謀，意見被人錄用十分重要，因此天魁天鉞對天機而言，具有絕對的影響力。

天機是一顆帶有取巧性質的星曜。

此星多半不夠沈潛、堅毅。

其人亦明白想像與觸機的發揮，比讀死書而不懂靈活運用，來得重要。

因此，當天機守命時，其人必練就一身對新鮮事物非常敏感的性格。

敏銳的觸覺，是天機的一種天賦才華。

若再遇文曜，則更能發揮其人的想像力。

但遇文曜再遇煞，卻又會帶來柔弱、怕事、不夠堅毅的性質。其人必更為敏感、衝動和缺乏忍耐。

天機的反應快，是源於此星具有極為敏感的性質。

天機生就對事物的變化，有一種敏銳的先知先覺。

如果能專志在事業上，其人可憑藉個人豐富的想像力、機智的頭腦、過人的推理能力等，去創造屬於自己的成就。

害怕失敗、器少易盈、膽小不敢面對挑戰，或喜歡在小事上喋喋不休的糾纏，是天機星系守命者畢生所忌的事。

這樣，又可將天機分定為兩大範疇——

一爲將志尙定立極高和極遠大的人。

一爲喜爲瑣屑事而糾纏不休的人。

要分別這兩類人，須從天機星系守命的本質出發。

凡命宮遇化權、文曜而不遇煞星，其人多屬目光遠大，志尚高雅向上之人。且多會將其聰明、天才，全都運用於工作上。

凡天機星系守命者，遇煞或對星不足時，其人多在瑣屑小事上糾纏不休，而且往往會為感情的事，而產生許多不必要的煩惱。

天機星系守命者的性格是極其矛盾的。一方面，天機的敏感固然是成就大業所需的。但另一方面，天機極可能會神經過敏或感情用事，因而延誤許多重要時機。

因此，天機敏感和變動快的命運，會截然分成兩種命運趨向——

一、是志向高，可以成就大事。

二、是鬱鬱不得志，以致抱負難伸。

導致天機星系守命者產生這些截然不同的命運，決定在於其人會否遇上天魁天鉞貴人。

魁鉞貴人，對天機甚有決定性的影響。要才華得以發揮，就必須要有人賞識和欣賞，如同千里馬喜遇伯樂一樣。不得伯樂的賞識和薦舉，千里馬亦與野馬無差別，雖千里馳騁，到老成空。

天機守命的人，必須經長上輩的賞識、擢用，才能才有所發揮。

因此，魁鉞對天機星系守命者，便極為重要。

在原局命宮遇上魁鉞貴人，為最佳。只要遇上運好、流年好，便能有所發揮。

但原局不見魁鉞貴人星會入，則只可利用大運的流魁流鉞之力了。

流魁流鉞在紫微斗數的推斷，甚為重要。特別是「武廉機巨」此四星，尤喜得貴人之助力，使其各星的優點得以發揮出來。

「甲戊兼牛羊，乙己鼠猴鄉。

丙丁豬雞位，壬癸兔蛇藏。

庚辛逢馬虎，魁鉞貴人方。」

是魁鉞貴人的真訣，讀者不妨自己在流月、流日檢認之。

天機的命運，是屬於自己去實現和創造的。獨特的想像力、敏銳的觸覺及過人的推理能力等，均為天機星系的獨有天分。是以立志要高、志向要堅毅，是天機星系守命者最重要的事。

⊙天機星系守命者，其人兄弟宮一定是殺破狼星系。

天機主自己思想不停的轉變，而兄弟宮的殺破狼亦為主動的開創變化。

因此，天機守命的人多與親兄弟的思想或興趣不投，年紀越大，彼此的分歧也越大。

天機自己已主多變動，而兄弟宮的變化和劇變，便有各自的精彩，變化並不一致。

因此，經常發覺天機星系的兄弟，與天機其人的興趣、志向、職業之類，很不一致。

甚至，原來兄弟二人皆修讀同一科目的，日後發展卻又各分歧異。

由此，可引申到：天機星系守命者只宜與同事短期合作。

最好只是每份合約、每個計劃作短期的合作，如是，不住的作調整、變化，是天機星系守命者要求自己不住去加強翻騰和變革的動力，亦為天機星情所喜的。

否則，一旦長期合作，則天機敏感的性格，一時對人熱誠，一時又可能予人冷對，很容易令人產生厭惡和吃不消。

要疏導天機星系守命者與兄弟宮殺破狼星系的分歧，絕不容易。最佳之法，莫如彼此短期合作。即天機以自由身的工作形式來運作。

若有昌曲會合的天機，因有斯文和禮教以束身，則六親的關係，會較和順。

若為殺破狼星系加左輔右弼居於天機的兄弟宮，則主兄弟雖然對外主動開創，但對天機守命者來說，仍會維持彼此關係的和好。此乃兄弟宮有左輔右弼之故。

◉天機星系守命者，其人夫妻宮一定是太陽星系。

太陽的基本意義是付出與犧牲。

天機是機變的星，相比於其配偶的太陽星系來說，天機是以自利為主。故其配偶會不知不覺地全心全意付出，無條件地愛護對方。而天機便每多機謀、思慮，卻不會全心全意地與配偶分享自己的思想。即使這一時全情傾訴完心事，下一刻又會計上心頭，思想又再重門深鎖起來。

因此，相比之下，天機的配偶，便是坦率和真誠得多。

夫妻宮的太陽越入廟，則主配偶的寬容性、體貼力越大。相對來說，天機星系便更是心思審慎和自以為是。

由天機星系守命者去看其配偶，即可反映出配偶是穩重、不起疑心、不擔心、無憂無慮和容易與人相處的。

天機星系守命者，多能顯示其人之配偶多數較能與別人容易相處。因此，在日常生活中，多為其配偶主導地，去營造出一個和睦而幸福的家庭氣氛。這種既真誠又無私的奉獻，便是經常會出現在天機星系的夫妻宮中。

◉天機星系守命者，其人子女宮一定是武曲星系。

武曲，為寡宿之星，具有短慮性質。

武曲，是以行動取勝的星。但此星卻屬刑剋自己的星。

武曲的處事方式，多半是大膽敢為、不懼危險，敢於按自己的本意去行事，當然在天機守命者主機變、智慧型的人來看，其子女便是輕率、才氣不及自己。

從天機守命的斗數盤中反映出其人子女宮武曲的一般性質，基本上是粗心大意、好衝動、莽撞，不夠英明。這完全是互相比較下的結果，未必是事實。

其實，武曲的敢作敢為，所表現出來的勇氣，正是天機守命者所缺乏的。也是真正性格的表現。

只要輔之以經驗、予之以機會，天機星系之子女宮武曲，亦同樣地可以有所表現和肯定的才華。

因此，天機星系的敏感，反而顯得膽力不足和顧慮太多。

子女宮的武曲星系的刑剋，只有經過歷練，才能更堅毅地站起來。

但如煞忌太重，則武曲寡宿性質加強，便只得在不同的流年時，作小心的趨避。

尤其是天機星系本身已經怕煞，子女宮的煞忌又重，則肯定會為天機星系帶來因子女受刑剋，而有深深的挫折打擊。

在決定懷孕的流年、或重大的決策，應分別從天機命宮及其子女宮武曲星系的三方，細心揣測之。

天機以計謀見稱，其子女無論怎樣精明練達，相比之下，都必嫌其稚嫩，故有短慮性質。

然而，子女宮之武曲，有寡宿、刑剋性質。故此，天機守命的女性，自古便有容易小產、流產之說，便是據此而言。

是以，天機守命者，其命宮三方會煞忌，已主易受打擊，其實也暗指其人易有小產、不孕之事。

子女宮之武曲遇煞忌，亦屬之。

因此，對天機星系守命者而言，其人子女宮是一個弱宮，必須在流年時，小心趨避。

⊙天機星系守命者，其人財帛宮一定是天同星系。

天同為白手興家，或微資起家。即有歷練艱辛和先苦後甜性質。更見左輔右弼，財氣反致更為積弱，必須三方會煞，然後才得成就。

因此，也就是說，天機星系守命者為辛苦命。

天同此星有一種耿直的天真性質，在財帛宮來說，其人對利益代價，也比較單純。

有人認為金錢為第一位，因此，天機星系守命，可以滿口銅臭。

有人認為可得溫飽，便應知足，因此，天機星系守命者可以過著萬事隨緣、容易滿足的生活，無求於世，亦無求於自己。

總之，天機星系守命者，其人對金錢、利益、代價的態度，會毫不隱藏。這一切，可由天同居於此宮垣反映出其人的志向如何？其中的分別甚為極端。

天機守命者，不宜多會輔助吉曜，以其人容易得小而足是也。這是基本原則。即使在大運、流年會合，亦會有種種不同程度上的尅應呢。

天同為任由擺佈之星，因此，若有太多左右、昌曲、祿馬這些佐曜，反成「器少易盈」，容易滿足，甘於現狀。

一定要三方有煞星，才主激發，可得磨練而有成。

倘如僅會祿星或佐曜，不見煞星，則僅主溫飽，傾向疏懶，容易安於現狀。

如是，則成就反而小，即使對星甚足，也嫌局面微弱。

天同在財帛宮，其人取財之道多數有不勞而獲之心，較為消極和懶散。

必須在三方會煞，則天同便帶有貪婪求財的色彩，惟其不易滿足、不斷需索的性質，便成為不可多得的追求慾念，這便是有煞星會入，反主激發起來的動力。

雖則手段百出，機謀用盡，但財氣更厚，得到的回饋也更多。到時，其三方會合之佐曜，才能有充分的發揮，變成多方面無厭、不知足的追求了。

◉天機星系守命者，其人疾厄宮一定是殺破狼星系。

以寅宮的天機太陰守命，和申宮的天機太陰守命者，性質最為溫和。借星安宮，則性質有天淵之別。

殺破狼星系居疾厄宮的通則，是跌撲傷損和金屬創傷，包括被紙張割傷手指和因病動手術。

因此，天機守命者，多主其人在童年時多災病，尤主多過份活躍、好動，而引致手足受傷。

殺破狼星系主變化巨大，天機星系自己的命運亦是變化甚多的。

甚至天府、天相居疾厄宮，本主穩定。但天府在巳亥二宮，必成同陰與借星的機梁相夾，便會有潛謀、暗中生變性質。

而天相在丑未二宮，亦必為巨門與同梁相夾，便會有陰暗、潛伏的變化性質。

也就是說，凡天府、天相居於天機守命者的疾厄宮時，其人的疾病，往往初則潛藏，隱而不發。到發覺潛藏在內的病患要爆發出來時，已經是到了不得不爆發出來，或想掩蓋也掩蓋不了的嚴重情況。

這便是天機星系主變化的疾厄性質。

如果是殺破狼主動變化的性質，則天機星系守命者，往往可以因病而被折磨到容貌大改。

原因是疾厄宮的星系比自已還要強悍之故。

不論甚麼性質的天機星系守命者，其命宮三方怕見煞，是一定的通則。

即使命宮及疾厄宮，在原局及大運均有所不宜，在推斷時，宜兩宮兼看。

天機星系守命而又三方會煞，主其人敏感、過份活躍，故易生傷損。

若疾厄宮會煞，更主易生跌蹼傷損。

因此，凡天機守命者，皆不宜參予冒險的遊戲和危險的競爭。

⊙天機星系守命者，其人遷移宮亦一定是機月同梁星系。

星系相同，也主天機守命者，其人適應外地的力量也甚強，極適合移民。

但仍須視遷移宮的三方，所會合星曜之吉凶性質，歸納其結果，以定孰吉孰凶。

天機之適合移民與否，主要關鍵，須端視太陰的入廟程度和格局之高下而決定。

遷移宮亦是外界對自己作出甚麼評價和看法的宮垣。

天機為敏感、變化巨大的星。因此，外界對其人的觀感，可以前後變化巨大。

最大的前後變化，是遷移宮無主星，只有空劫坐守。這是吉凶、善惡都難以準確地掌握到的組合。

一個人之受人尊重的原因，並非他得到些甚麼名利、厚祿，而是看他做過些甚麼貢獻。

因此，評斷天機的遷移宮，亦應兼察天機的福德宮，看看是否有才華、充實、有榮譽感等，以助推斷外界人士如何看待天機命主。

會加強天機命運變化的星曜，是天馬、煞忌及空曜。

會令天機命運穩定的星是天機自己化權，或在三方會入科星。

天機本身化科，並非是好的吉化。

因為逢天機化科，必屬丁干，「丁陰同機巨」，整個機月同梁星系必為祿沖忌沖權沖科的複雜局面，故不甚喜天機化科。

偏偏這時在殺破狼星系必為「火貪格」或「鈴貪格」，表示可以憑藉兄弟、長上輩、田宅風水等等宮垣，而達致驟然興盛，進退的抉擇，極之重要。

⊙天機星系守命者，其人交友宮必為廉貞星系。

廉貞為次桃花，即善於酒色娛樂，此為一般的泛義。於天機守命者而言，交友宮之廉貞星系性質，則可視為吃喝玩樂的好夥伴。

若廉貞成為清白格，則所結交者俱為良朋益友，彼此追求的是志趣上的滿足，而在精神修養方面，會趨於高雅，情操較高。

若廉貞煞忌交侵，則反而結交鄙俗之友類。

廉貞星系是有極強的適應能力，因此，天機的變動性雖然大，交友宮仍會維持在社交場面上的交往，表現得體，但必逐漸變得淺薄和欠缺深度。

這點亦是廉貞星系擅於政治手腕，而天機又主命運多變，兩者相交，便彷似無所不談的打交道。但事實上，彼此只是保持一份圓滑的社交形式，沒有甚麼助力可言。

故此，天機星系守命者，交友宮的廉貞星系不可能給予自己有太大的和實質的助力。

交友宮是一個物以類聚的宮垣，當一個人的交友宮鄙俗淺陋，則其人亦必然格調不高，此乃常識，不可不知也。

天機為謀略之星，其人交友不真，乃屬正常之事。

故此，對天機守命者而言，廉貞為交友宮，其友人只屬吃喝玩樂之夥伴，並非是可以推心置腹的人。其人亦一定不會交其真心予朋友，這足以解釋：何以天機為軍師。

而軍師，則一定甚難有推心置腹的朋友。

⊙天機星系守命者，其人事業宮必爲機月同梁星系。

機月同梁為吏人。故此，天機守命者宜在大公司、大企業內任職，不宜經商。

事業宮即工作進行之形式，故主其人執行的能力不高，有因循、按計劃行事性質。

同時，同梁之組合，有名士派性質。即不主動發奮、開創。

故此，天機星系守命者，有為工作而工作之性質，缺乏為理想而工作之宏圖。

是故天機為謀臣，其人在思想、計劃方面，確屬能手。

但若無固定目標，任由其發揮，反致左右衝刺，不能帶領群衆去完成目標。

此外，事業宮的行事形式，有僵硬死板和只顧眼前目標的性質。

是以，天機星系守命者，宜自強不息，不宜荒怠、因循。

宜抓緊時機，當機立斷，不宜隨波逐流。

事實上，天機過份敏感的觸覺，如能持之以恆，且在適當時機，勇敢地去表現自己的才華，如是才可以創造命運。

誰不能主宰自己，誰便永遠是時流的奴隸。

要在事業上、處事方式上受人嘉許和欣賞，天機星系守命者，就必須在大運或流年上，利用流魁鉞的沖疊之力。

⊙天機星系守命者，其人田宅宮必爲殺破狼星系。

殺破狼主變動，故此，遷居、轉行、移民，是天機星系守命者最常見之情況。

有時，田宅宮星情尚稱穩定的話，便是不易搬屋，但外局環境變化甚大，有滄海變桑田之歎。其人居住的屋仍然存在，只是左右附近的樓宇環境，已泰半改變了。

田宅宮為不動產，即表示天機守命者，駕駛時易生金屬挫折，即易生意外。

也主買賣股票時，易招打擊。故此，不宜作長期的股票買賣，只宜短攻。

田宅亦即身處的環境。殺破狼是主導的去改變，而天機是自己命運的變化。

當田宅宮煞忌重，換言之，煞忌即是亦會沖入天機的疾厄宮中，這時便要留意會否因意外，而導致身體出現破耗不利之事。

此外，亦要留意其人的命宮與及田宅宮會否是處於「六合宮位」。如天機之與破軍、太陰之與武曲之類。

如恰好成為六合宮垣，則以雪濤的經驗是：其人受田宅風水的影響甚大，不可忽略，讀者宜注意之。

⊙天機星系守命者，其人福德宮必為機月同梁星系。

天機星系守命者，一般通病是缺乏雄志、喜因循守舊和容易自滿。

因此，凡天機守命者，都應該在後天人事上，對自己策勵，夕惕若厲，可以將自己的目標和理想定立下來。並且，應要求自己不達目標，決不罷休。如是，才使天機守命者的人生更為充實和美滿。

此外，如天機星系守命者的福德宮無主星的話，其人多半有好幻想、散漫、想像力豐富，但是判斷力卻較差的性質。

如果福德宮會天馬，主生活散漫、辦事不拘小節，且會令自己脫離群衆，使自己與環境格格不入，以致不擅與人打交道。

凡天機星系守命者，最怕行經殺破狼的大運或流年。以天機命途多變，而福德宮又易因循、怕事的個性來說，在行經殺破狼大變動的運程，浪潮如狂的變化起落中，其人更易迷失方向，以致會盲目地去衝刺。

因此，天機星系守命者，當面對變化急劇的大運或流年時，必須察看自己的福德宮何時是最為穩定。務要在此時力求進取，要表現出無比的勇氣，去達成自己的理想。這點，最為重要。

◉天機星系守命者，其人父母宮必爲紫微星系。

紫微為帝星，此即相對於天機星系守命者而言。

其人服侍上司、老闆和父母，都對之猶如皇帝。也主其上司之地位，猶如帝君，其命令不可動摇，既固執，又不可改變。

紫微星系是以自我爲中心的星。

在安星時，衆星亦要為之朝揖和匯聚。因此天機守命者，終其一生亦只是為紫微服務的軍師、謀臣。如何從上司、老闆身上得到最大的成功？

必須先由原局紫微星系的組合中，分定其為有百官朝拱，抑或孤君。

有百官的紫微星系，為天機守命的父母宮時，其人宜在大公司、大集團、政府機構工作。

惟如是，得自長上輩的聲勢和益蔭，才得以最大、最盛。

如天機星系守命者，其人父母宮的紫微星系為單星的話，其人便適宜在中、小型公司內工作。或專門店、總發行、總代理之公司形式內工作。這樣，最能利用紫微「以我為尊」的性質。

在推斷天機星系與父母宮之尅應時，這是一個重要的邏輯思維。一個國家固不能一日無君，但亦不能無軍師去提供意見，帝君固執不可改，但帝君無軍師的計策，就更一敗塗地！

皇帝有昏君、暴君、無道之君與賢君。

但差的帝君比比皆是，賢君向來甚少。

因此，在天機的立場而言，每每對上司頗多背後怨言，覺得自己的上司有頗多不足之處。

常會自擬假如自己是上司，便會這樣做、那樣做，卻不反省何以自己不能成為上司，不加反省自己之所以下於人，就是缺乏那種雄心壯志和魁宏之體魄！

小結

天機為謀臣，博學而不精、反應快、活動快，卻不利執行。

相對於父母宮、兄弟宮，天機星系守命者只會提供意見，不能帶領群衆去開創，也不擅實際執行，故為謀臣、軍師。

由於福德宮、命宮皆會合太陽天梁星系，均有常動不拘、浪蕩變化的特質，遂加強了天機守命心志不專的缺點。

因此，天機星系守命者主博學而不精，容易受潮流影響而追求時尚。

心思之變動，可以一念三千，故為反應快。反應快，不等於反應佳。

活動快，亦天機星系守命者之特性，主計劃與行動皆快速，此乃天機靈活、多變之專長。

由於是謀臣，故不利執行。

由是可知，天機宜見魁鉞，可使受人賞識。

否則，若與空亡同度，尤其是正之截空，便是有才華，卻無用處，常有知遇難逢之歎了。

天機必與破軍在六合宮度相會，注意破軍在亥子丑三宮，遇昌曲化忌，有「水中作塚」之說，同樣會對天機守命者，造成極大之打擊。

太陽十二宮宮次圖

太陰 巳	貪狼 午	天同 巨門 未	武曲 天相 申
天府 廉貞 辰	一	太陽在酉	太陽 天梁 酉
卯			七殺 戌
破軍 寅	丑	紫微 子	天機 亥

廉貞 貪狼 巳	巨門 午	天相 未	天同 天梁 申
太陰 辰	二	太陽在戌	武曲 七殺 酉
天府 卯			太陽 戌
寅	紫微 破軍 丑	天機 子	亥

巨門 巳	廉貞 天相 午	天梁 未	七殺 申
貪狼 辰	三	太陽在亥	天同 酉
太陰 卯			武曲 戌
紫微 天府 寅	天機 丑	破軍 子	太陽 亥

天相 巳	天梁 午	廉貞 七殺 未	申
巨門 辰	四	太陽在子	酉
紫微 貪狼 卯			天同 戌
天機 太陰 寅	天府 丑	太陽 子	武曲 破軍 亥

天梁 巳	七殺 午	未	廉貞 申
紫微 天相 辰	五	太陽在丑	酉
天機 巨門 卯			破軍 戌
貪狼 寅	太陰 太陽 丑	武曲 天府 子	天同 亥

紫微 七殺 巳	午	未	申
天梁 天機 辰	六	太陽在寅	破軍 廉貞 酉
天相 卯			戌
太陽 巨門 寅	貪狼 武曲 丑	太陰 天同 子	天府 亥

天機 巳	紫微 午	未	破軍 申
七殺 辰	七	太陽在卯	酉
太陽 天梁 卯			天府 廉貞 戌
武曲 天相 寅	天同 巨門 丑	貪狼 子	太陰 亥

巳	天機 午	破軍 紫微 未	申
太陽 辰	八	太陽在辰	天府 酉
武曲 七殺 卯			太陰 戌
天同 天梁 寅	天相 丑	巨門 子	廉貞 貪狼 亥

太陽 巳	破軍 午	天機 未	天府 紫微 申
武曲 辰	九	太陽在巳	太陰 酉
天同 卯			貪狼 戌
七殺 寅	天梁 丑	廉貞 天相 子	巨門 亥

破軍 武曲 巳	太陽 午	天府 未	天機 太陰 申
天同 辰	十	太陽在午	貪狼 紫微 酉
卯			巨門 戌
寅	廉貞 七殺 丑	天梁 子	天相 亥

天同 巳	天府 武曲 午	太陰 太陽 未	貪狼 申
破軍 辰	十一	太陽在未	天機 巨門 酉
卯			天相 紫微 戌
廉貞 寅	丑	七殺 子	天梁 亥

天府 巳	太陰 天同 午	貪狼 武曲 未	太陽 巨門 申
辰	十二	太陽在申	天相 酉
破軍 廉貞 卯			天梁 天機 戌
寅	丑	子	七殺 紫微 亥

三、太陽

星情詳義

太陽屬陽火，乃日之精，司官祿之星，乃中天星主。此星性質為施予，主施而不主受。

太陽具有獨特的陽剛性，對男性親人如父親、丈夫、兒子及長兄等刑剋較重。

太陽主權貴，為貴星、為付出，代表群衆。此星有心慈樂善的特性，也主聰明、正直、顯眼、囑目，不會低調。

由於太陽主施予，而不主納受，因此適當的收斂，為太陽所必須的。

判斷太陽的吉凶，宜先視太陽所處宮位的廟旺程度來決定優劣。寅卯辰巳午未為廟旺，申酉戌亥子丑為落陷。古書云居於廟樂之地，為數中之至曜，乃官祿之樞紐。

太陽始旺於寅宮，如太陽守命於寅，與巨門同宮，定主一世忙碌。其人的命運是為人付出和作出貢獻為主的。

如果太陽巨門同宮於福德宮，則主其人為內心忙亂、多幻想。如在三方有吉化，其人愛創作及較易付諸實行。

反之，太陽暗於申宮，假如太陽巨門守命於申宮，為落陷失地，人生缺少光彩。

同樣是付出和作出貢獻，但少受人注目，若煞忌交集，則主光說不做。

太陽普照萬物，具有施而不受的特性。在午宮為日麗中天，反而光芒太盛，為名大於利，未必是最佳結構，有空蕩蕩的性質，即是表面風光而已。

應仔細參詳三方所會合的星曜，能得光熱適中的太陽，是最為福厚的格局。

太陽主發射，有向外發展和施予外人的特性，是以有爲人謀，不爲家謀之性質。其人宜以服務業及宗教等，作為個人事業。

太陽主貴，三方有化權化科會入，更加強顯貴性質，此為一般通則。

太陽是中天星主，故具有領導潛能，具有開創的精神及能力，喜扶弱濟幼、除奸鋤惡的特性。因其人福德宮必為天機星系坐守，而天機有化氣為善，具仁慈、慈悲心之故。

太陽是中天星主，此星直接影響著巨門與天梁的刑剋與孤寡的程度，也間接影響著天相一星的穩定與否。

因此，一個斗數盤，日月是否入廟，便極為重要。

太陽入廟，則破除困難之力大增，也表彰著其人廣泛被人接受的程度。

太陽失地，則麻煩、困擾較不容易翦除，也表彰著其人勢孤力弱，缺乏責任感，不容易喚起旁人去支持他。

是以，入廟與失地之分別，差異極大。

太陽是向外付出、無所顧忌的星，具有吸引群衆注意的能力，容易成為衆人的目標。

假如星曜組合有利，便極易得到群衆的支持，成為衆人活動的核心。

這情況尤以太陽入廟，稍遇收斂、穩重的星曜，更輔有主聲勢及地位的星曜，為最佳。如三台八座、台輔封誥尤的。

入廟而無收斂，反成虛浮、學養不足。

這情形，其實是福德宮的天機不夠沉潛、篤實所致。

太陽的最大特點是施而不受，具有開放的本質，一般來說，待人爽快和關心朋友等。

太陽必會會照巨門和天梁，而此二星本身帶有刑剋性質。故此，必須行使「太陽法」，去盡力付出，對人關懷關心。只要真誠地去待人，給予溫暖、助力與人，任何性格的人都會被太陽無私的真誠熱心所感染，從而使巨門和天梁的刑剋性減免。這是改變因緣、業力之後天方法。斗數家稱之為「太陽法」。

反之，越是因怕招妒、結怨，而不自覺地去逃避現實，或暗加挑剔，或私下審評他人，這是使太陽之熱力消失，而令天梁與巨門之「暗」和「孤」增強，其實正是使太陽星系守命者，走上既孤且怨的失敗之路中去。

凡太陽星系守命者，必須竭力避免厚此薄彼及冷熱不均的現象。無論結交甚麼樣的朋友，待人一定要誠懇，不可冷淡敷衍，對每一朋友都要負責，並要對人鼎力相助。

否則一旦出現勢利眼，自己有趨炎附勢的情形，則必招來反感，失去群衆的支持，漸漸走上敗絕之路。

十干四化中，太陽可化祿、化權、化科和化忌。

太陽化祿：由於太陽是群衆之星，化祿即代表能靠公共事業、大衆媒介等得群衆擁護而得到利益。

太陽化權：太陽化權是得到領導群衆之權，增加開創和辛勞。地位提高，卻不一定主得到群衆衷心和真正的擁護，只是以強硬的手段去得到群衆的支持，故最易招怨。

凡化權的太陽，需詳太陽星度的廟旺情況。失垣的宮度僅主有職無權，或號令不服，倘使勉強爭取表現及運用職權，則不知進退之機，往往反招屈辱和破敗。入廟乘旺的太陽，其人主觀，好表現自己，故最喜做大衆傳播的工作。

太陽化科：太陽喜化科，主得清貴。須詳星曜的廟旺情況以定格局高低。

因貴星廟旺得清譽、陷地科星主虛名。化科增加太陽的耀眼程度，由是一舉一動亦往往易招人嫌，是非謠諑亦因此而興，故需在敏感流年低調活動。

太陽化忌：太陽化忌為劣構，因既不解天梁之孤，亦不化巨門之忌，本身亦招群衆的怨恨、是非。不論男女，皆主不利男性親人，故必需考慮太陽的廟旺利陷情況。

太陽入廟化忌，好多時性質很溫和，僅主生離而已。如太陽落陷化忌，則往往是重病，甚至死別、牢獄、二姓延生等。

太陽主貴，縱化祿，亦不主富有。須見疊祿，始主富貴雙全。

喜見天魁天鉞，若行至紫微、天府、太陽、天梁等宮垣，則為開運順遂之年限。

因主發散，故不喜天馬、火星、天傷、天使、孤辰、寡宿、蜚廉、破碎等，以免發放過甚，流為空虛不實。

◉凡太陽星系守命者，其人兄弟宮必爲武曲星系。

太陽星系守命者，基本上，必帶豪情、豪氣。其人非常的熱心，很喜歡幫助別人，卻是幫助外人，並非兄弟。

太陽的熱情是向外發射的，故太陽守命者，容易忽略對自己兄弟、好友之照顧和關懷。

於兄弟姊妹而言，相比於太陽的好朋友，便有格格不入，有刑剋性質。反而，相比之下，交友宮則受武曲星系影響較輕。因此，越親近的兄弟姊妹，便越有刑剋和隔膜。

武曲為寡宿，因此武曲若與火星鈴星、擎羊陀羅等煞星同度，或三方沖疊，均主太陽星系守命者，其人並無兄弟，且一生孤獨。

若太陽本身落陷，尤的。

若太陽乘旺，但有天刑、空劫會入，亦屬命帶孤獨，兄弟無緣、無助力。

武曲化忌更為惡劣，主其人會受兄弟侵奪自己的財物，不利與人合作經營生意。

武曲對太陽守命宮的人而言，其人有兄弟亦差不多沒有兄弟。因為彼此甚少一起公開活動，甚少一起工作，自小彼此就各自獨立生活。

由於太陽星系守命者，其人兄弟宮之武曲帶有刑剋、短慮性質。

甚至，其人一旦夥同好友合作營業的話，彼此往往便會合拍不上，是以難以有悠久之合作。

亦可以說：太陽星系守命者，生就受群衆擁戴的命運，其人的光和熱，都會向外照射和向外發放，越跟太陽星系守命者接近，其人的光和熱反而越會轉向外界，而不照向內。這是由於太陽星系守命者的光向外照射和向外發放，是其本質。而其人兄弟宮之武曲帶有刑剋性也有關。

除非武曲會化祿，或左輔右弼，不利的情況才得以改變！

⊙凡太陽星系守命者，其人夫妻宮必爲天同星系。

在斗數的類象中，天同是兒童，具有天真和率真的本性。此星需要別人呵護，是欠缺獨立自主的星曜。

這對於活躍和熱心參與社群活動的太陽星系守命者而言，不論其天同星系守命者的配偶可以如何獨立處事，都會被太陽星系守命者認為是軟弱、欠缺獨立和需要愛顧的配偶。

若見左輔右弼，反主配偶欠缺個人的獨立性，且是依從命主背後的小男人或小女人。

若見祿星，則代表配偶時刻需要呵護，很多時會「撒嬌」。

天同，主先苦後甜，當天同居夫妻宮，一般皆主初戀必敗，至結婚前多生波折、困擾。或婚後夫妻二人一起歷練艱危打擊，然後感情更見穩固。

天同「**先苦後甜**」的性質，必先經歷好一番的波折與磨練之後，才更見感情珍貴和關係良好。因此，凡天同星系躔夫妻宮，均宜遲婚，始能夫妻偕老。否則，婚後必多變動，或多病、或多災、或貌合神離，感情越來越冷淡，精神不痛快。

一般來說，天同星系最怕經行七殺之運限，必在感情上有歷煉或慘遭挫折。

天同會左右昌曲，古代為娶妻之後再納妾之訊號。但在今日社會而言，多屬婚外情，以天馬會祿星沖起入夫妻宮為尅應之期。

◉凡太陽星系守命者，其人子女宮必爲殺破狼星系。

太陽主施予，但對子女卻是縱容，而且難以令子女對自己言聽計從。

太陽，有心慈樂善的性質，故此即使子女頑劣、反叛，太陽星系守命的人仍會口硬心軟，而且也實在沒法控制自己的子女。

殺破狼帶反叛性，也主子女不能繼承自己的事業。

太陽為付出，主施而不受，而殺破狼星系則為自己去開創。是以，太陽星系守命者到了晚年，便更容易與子女產生代溝和隔膜。

要平衡太陽星系主向外付出，對外發射與子女宮的對外開創、不守祖業的性質，殊不容易。

殺破狼有改革、不守成、不繼傳統的性質。因此太陽星系守命者，其人不容易有子女繼承自己的事業，亦主子女有叛逆的性質。

是以，凡太陽星系守命者，不應寄望在自己的晚年時，子女會留在身邊侍奉自己。反而，應一早就安排子女往海外讀書，令他們早些獨立生活，如是，始可以使自己的子女成就有更佳的發展。

⊙凡太陽星系守命者，其人財帛宮必爲機月同梁星系。

機月同梁星系本身即具有在大規模的企業中工作之性質，服從性也較大。因此對工作上得來的得益，多為計較蠅頭小利。

是以，凡太陽星系守命者，有付出極多，但得到的回報，往往不成比例之性質。

因此，太陽星系守命者，多主清貴，主因是財帛的進財形式，多數不夠積極，有因循守舊之故。

太陽最喜化祿及會合祿存，稱之為**疊祿**，主其人可富足和富貴，起碼較容易遇上有利可圖的機會。

「機月同梁」星系居財帛宮者，亦主其人對金錢財物的價值有因循，不輕於戒。斤斤計較於蠅頭小利，容易有開支大，而收入不足的基本性質。

◉凡太陽星系守命者，其人疾厄宮必為廉貞星系。

廉貞為血，為敏感，故太陽星系守命者，其人易有高血壓、膽固醇過高之疾病。

加會桃花星，主生殖系統的毛病。

加天馬天月，易有流行性感冒，或呼吸過敏、花粉症等等。

廉貞星系守疾厄宮，加金屬之星會入、或會刑耗諸曜，亦主跌打、意外受傷。廉殺會煞忌入疾厄宮，有路上埋屍之說。

◉凡太陽星系守命者，其人遷移宮必會天機和天同。

天機主變動，如改變行業，轉換環境。因為實際的環境改變、潮流氣候的趨勢改變，自己也要變化去適應實際需求。

以太陽主動變化的人而言，這樣的改變，也很容易接受和適應。

天同主先破後成，即經過一段時期的困阻與歷練，然後獲致成功。

因此，太陽星系守命的人，其光和熱都以照耀外人為主。

以外地遷移的適應力而言，是最適合的。端視其入廟與落陷程度，來科判其人克服移民外地而產生有多大的阻力。

⊙凡太陽星系守命者，其人交友宮必爲殺破狼星系。

太陽雖主熱情、施予，但太陽必在三方會照巨門與天梁，也就是說，凡太陽星系守命，終其一生，必帶是非與刑剋性質。

因此，凡太陽星系守命，其交友宮之殺破狼主變動，有不歡而散別，亦有志尚不合，而淡然散別的性質。

是以，從交友宮殺破狼三星來看：太陽星之交友宮，有著主交際、飲食之交的貪狼星情。
有著無情無義或情義深交的破軍。
也有必主一次決裂或經常交惡的七殺。
以上的星系組合，都是太陽星系居交友宮的尅應。須視星曜之組合，與大運、流年之推斷。
一言以蔽之，是變動較大，彼此難以維持悠久的合作無間。在後天的趨避，便是彼此要減少見面。

◉凡太陽星系守命者，其人事業宮必爲天同星系。
天同是懶惰、容易滿足的星。
也主太陽是容易接受工作的回報，不去計較報酬有否偏高或偏低。

甚至，遭受剝削，也會因為命宮天生的熱誠和理想，不去計較。

天同，有因循、守舊性質。除非天同與煞星會合，否則不主激發。也使太陽星系守命的人，不輕易轉行轉業。

而且，自身主極力付出心力，有強烈的事業心，但事業宮帶因循、見步行步性質。其人付出與回報，往往是不成比例。付出的心力極多，但回饋少，是太陽星系守命者最常遇到的事。

故此，一般而言，凡太陽星系守命者，其人多半帶有服務別人或為公衆謀取福利的傾向。

是以，便形成太陽星系守命的人多數是要求心靈上之滿足，相較之下物質上的回報必較為輕。

⊙凡太陽星系守命者，其人田宅宮必爲紫微星系。

紫微有自我為尊、引以為榮的性質，故主其人家庭觀念重。而且，其人工作的目的，多半為滿足家庭、居住或身處環境的舒適感、自豪及滿足感至上為要。

太陽在巳亥二位時，必是田宅宮紫微天府在寅申二宮同坐，其人的吉凶變化會較為明顯，更必須要小心推斷。

太陽入廟，田宅的尊榮感更大，也主田宅的擴大、舒泰感增強。

太陽落陷，田宅的榮耀感被破壞了，田宅的舒適度也大打折扣。

紫微為尊，故其田宅的類象即主地勢較高，但以在三方會入地空地劫為的。若反見虛耗之星，主童年所居，尚稱祖屋或父母發跡之居。但必為破盡祖業，然後逐步轉為舒泰的屋宇。

◉凡太陽星系守命者，其人福德宮必爲天機星系。

前人論太陽，多言其性格聰明、大方高雅，但不明白其聰明，實由福德宮天機所主而來。

是以，研究斗數而不明白「星系」互相影響的邏輯性，便會失去綜合理解的基礎。

天機主變，須會有收斂、積聚力強的太陰來使天機多動多變的意馬心猿，平復下來。

因此，入廟的太陰，對平衡天機之多變、敏感的基本性質，甚為重要。

一般而言，太陽入廟，太陰亦入廟。太陽落陷，太陰亦必落陷。

唯有丑未二宮，最多困擾，也最不平衡，須視其四化之影響力。

天機須沉潛，然後太陽星系守命的人，才會專心致志，心緒向內，不致盲目追求和奉獻。

天機煞忌交併，即使太陽乘旺，也主其人空虛不實、多學少精、不夠沉潛，且有空心老倌之傾向。

天機為機變靈動之星，有不拘一格、反傳統而超越時流的基本性質。

羊陀沖入天機坐守的福德宮時，主其人終日勞碌，自尋煩惱，進退多慮。

◉凡太陽星系守命者，其人父母宮必爲殺破狼或府相星系。

凡殺破狼居父母宮，多主其人父母是專注於工作，較少注重家庭溫暖，造成太陽守命者的獨立性較強。

入廟而獨立性強，其人會較活躍、好動，有野性難馴性質。

落陷而獨立性強，其人略為木訥、自閉，有遺世獨立、與人寡合性質。

府相居父母宮，亦可分為有情抑或無情。

太陽守命者，得有情之父母宮坐守，便主自幼家庭觀念重，積極而且熱心熱情。

太陽守命者，父母宮無情的話，便主其人一生勞碌，而且是非亦多，且易遭長上輩壓制。此乃才高招妒之故。

小結

太陽：為施主，為貴星，亦為群衆，須入廟有吉會合，才可視之為有力的貴星。

太陽主給予，此對自己未必有實利，只是給予而不問回報，有時反令自己漸趨入不敷出。因此，太陽入廟是十分重要的。

有時太陽入廟，便須有適當的收斂才可稱吉。不喜天馬、火星、天傷、天使、孤辰、寡宿、蜚廉、破碎等，以免發放過甚，流為空虛不實。

因此，入廟的太陽，宜有拖延、聚斂的星曜會合，才可免去過分發放、不懂收斂的毛病。

懂得收斂，才會得到群衆悠遠不替的支持。

落陷而不知收斂，便會多生不必要的是非，以致失去群衆的支持。

太陽星系守命者，六親都有缺憾，尤以落陷又無吉化的太陽為準。

無論入廟與落陷，逢太陽守命者，其人對待朋友多較積極和不望回報。基本上，太陽星系守命者是忠誠之星系。

除非其人福德宮之天機煞忌交併，然後才主其人奸猾。但其人的相貌，仍有一定之堂皇，而且大方，只是眼神較弱和陰暗而已。

武曲十二宮宮次圖

太陰 巳	貪狼 午	天同 巨門 未	武曲 天相 申
天府 廉貞 辰	一	武曲在申	太陽 天梁 酉
卯			七殺 戌
破軍 寅	丑	紫微 子	天機 亥

廉貞 貪狼 巳	巨門 午	天相 未	天同 天梁 申
太陰 辰	二	武曲在酉	武曲 七殺 酉
天府 卯			太陽 戌
寅	紫微 破軍 丑	天機 子	亥

巨門 巳	廉貞 天相 午	天梁 未	七殺 申
貪狼 辰	三	武曲在戌	天同 酉
太陰 卯			武曲 戌
紫微 天府 寅	天機 丑	破軍 子	太陽 亥

天相 巳	天梁 午	廉貞 七殺 未	申
巨門 辰	四	武曲在亥	酉
紫微 貪狼 卯			天同 戌
天機 太陰 寅	天府 丑	太陽 子	武曲 破軍 亥

天梁 巳	七殺 午	未	廉貞 申
紫微 天相 辰	五	武曲在子	酉
天機 巨門 卯			破軍 戌
貪狼 寅	太陰 太陽 丑	武曲 天府 子	天同 亥

紫微 七殺 巳	午	未	申
天梁 天機 辰	六	武曲在丑	破軍 廉貞 酉
天相 卯			戌
太陽 巨門 寅	貪狼 武曲 丑	太陰 天同 子	天府 亥

武曲在寅　七

天機 巳	紫微 午	未	破軍 申
七殺 辰	武曲在寅 七		酉
太陽 天梁 卯			天府 廉貞 戌
武曲 天相 寅	天同 巨門 丑	貪狼 子	太陰 亥

武曲在卯　八

巳	天機 午	破軍 紫微 未	申
太陽 辰	武曲在卯 八		天府 酉
武曲 七殺 卯			太陰 戌
天同 天梁 寅	天相 丑	巨門 子	廉貞 貪狼 亥

武曲在辰　九

太陽 巳	破軍 午	天機 未	天府 紫微 申
武曲 辰	武曲在辰 九		太陰 酉
天同 卯			貪狼 戌
七殺 寅	天梁 丑	廉貞 天相 子	巨門 亥

武曲在巳　十

破軍 武曲 巳	太陽 午	天府 未	天機 太陰 申
天同 辰	武曲在巳 十		貪狼 紫微 酉
卯			巨門 戌
寅	廉貞 七殺 丑	天梁 子	天相 亥

武曲在午　十一

天同 巳	天府 武曲 午	太陰 太陽 未	貪狼 申
破軍 辰	武曲在午 十一		天機 巨門 酉
卯			天相 紫微 戌
廉貞 寅	丑	七殺 子	天梁 亥

武曲在未　十二

天府 巳	太陰 天同 午	貪狼 武曲 未	太陽 巨門 申
辰	武曲在未 十二		天相 酉
破軍 廉貞 卯			天梁 天機 戌
寅	丑	子	七殺 紫微 亥

四、武曲

武曲為陰金，北斗第六星，司財帛之主，又名財星，為剛毅之宿。

星情詳義

武曲為財星，這顆財星是憑實際行動去取財的性質。

因此，若要武曲星做幕僚、軍師，或要武曲星系守命者出主意去策劃，實在不合星情。是故，稱為短慮也。有盲目之衝動、缺乏冷靜的不良性質。

武曲的財，帶有工具性質，引申出來便是現金。為金屬、孤剋、剛強，為堅守原則、剛正不阿，為斗數中至剛至毅之星。

不喜武曲臨命宮及六親宮位，嫌其太過剛剋。

古書稱武曲宜男不宜女，因會刑剋女性，使其婚姻不完備或不完美，有寡宿之應。

女性武曲臨命宮，有獨守空閨之象，缺乏情調的性質。

惟今日女權高漲，此語已不大通了。因此，不宜再墨守成規，應靈活變化去推斷。

凡女命武曲星系守命，其人必具男子氣概，為女中豪傑。

但女性寡宿、孤僻且固執、不易妥協，而使其婚姻不圓滿，仍然是對的。

一般而言，多屬形小聲高而聲量宏大，性剛心直，氣量寬宏。

但煞重，則孤剋、刑忌加重，武曲星系守命化忌乃加強剛烈之性，便多有高大、剛強性質。不宜再會羊陀、天刑等，以免孤剋更盛。

武曲不利做思考性工作，但武曲的性質如金、如錐，其人總會不自覺地實踐和喜歡做決斷，故為短慮。

只顧眼前的利益，欠缺遠大志向和計劃是武曲的致命處，也是武曲的通病。

武曲為行動之武將，故不喜見文昌文曲，因為彼此氣質不同之故。若武曲三方見文昌文曲，必主其人性格優柔寡斷，且常生追悔的念頭。

前人評定武曲，皆許為寡宿，六親緣分皆主淡絕。這樣的評說，實在是以偏概全。

在斗數中，任何星曜都只是中性的，任何星曜本身都無絕對的優與劣，端視星系之組合。

武曲是憑實際行動去取財的星，故喜見天魁天鉞、左輔右弼等在三方會入，以給與機會。

武曲最喜**化祿、化科**，主凡事皆得意順遂，動覆小勝，財源廣進，事業有成，宜經營貿易，易得威名遠播。

亦喜成祿馬交馳，主發財於遠郡。

武曲最不宜化忌，武曲的基本特性為剛決。化忌時則轉化為**決裂、反目無情**，往往不經思索便鹵莽行事，而且手法往往過躁、過剛，由是引起挫折和追悔，以致甚難彌補過失。

◉凡武曲星系守命者，其人兄弟宮必爲天同星系。

武曲一星為寡宿，其人的兄弟宮卻是天同星系。這樣的組合，別具深義。書上說天同在十二宮中皆曰福，無破定爲祥。

許多書更說：凡天同居兄弟宮，便說兄弟和好，即使有煞忌，亦主兄弟和好。實際上，這樣的單星論調，已屬離開星系的理解。如此推斷，必多生錯弊。

天同居兄弟宮，不見煞，主兄弟溫馴，亦主助力微弱，不足濟事。更見左右，反而主越幫越忙。

這時，彼此感情越好，便越會互相拖累。

天同遇煞居兄弟宮，彼此破裂，關係淡絕。

但天同為福星，化忌即遇煞成為激發，主武曲守命者，與友人多無謂爭執，或致重大決裂。

關係越深，對立和仇視也更大，只是天同居兄弟者，不會加害於已，僅多流言是非而已。

此乃天同居兄弟宮之徵應，也是福星意義的引申衍義。以武曲星而言，天同是貪玩之星，故此其兄弟好友，亦只是玩樂之友伴而已。天同為軟弱之星，即使有心幫武曲，武曲守命者反覺得拖累和羈絆。

這便是天同居兄弟宮，而命宮為武曲星系的尅應。

⊙凡武曲星系守命者，其人夫妻宮必爲殺破狼星系，對拱紫微。

武曲為行動取財之星，帶剛剋意味，缺少溫柔體貼和呵護備至的關懷；對其配偶來説，便略嫌感情魯直，不夠細心。

七殺為探子，有孤身上路刺探性質，居武曲的夫妻宮，更顯彼此感情冷薄。

破軍為開路先鋒，具有排山倒海的開山劈石性質，當破軍居夫妻宮時，便頗帶無情義的決裂。

即使祿馬交馳，也主配偶見異思遷之傾向倍增。

貪狼為追求物質或情慾上的享受，倘無空曜牽制，便甚為不妙了。

因為武曲為持利器以求財，也就是説剛硬、硬硼硼的性質，不解其配偶喜歡俏皮和帶輕狂的傾向。是殺破狼居夫妻宮中，最為不利之組合。

也多為配偶主動變心的星系，最宜留意。

◉凡武曲星系守命者，其人田宅宮必爲天機星系。

天機主變動，容易遷居，也可以說，凡屬武曲星守命的人，最常搬遷、換汽車、改換家中的科技與電器用品。

天機主急劇變化，也就是說，凡屬武曲守命的人，其人對田宅風水的變化，也極敏感。

天機乃靈活變化之星，當天機居田宅宮時，其意象之引申，便是家居多在十字路口、街巷的轉彎處，或近梯口等，總之，人潮流動性大的地方便是。

天機也主商業活動，故又有熱鬧、喧鬧、欠缺寧靜性質。

凡天機居田宅宮，遇火星，其人家中大多數會擁有較多高科技的電器。

⊙凡武曲星系守命者，其人事業宮必爲紫微星系。

紫微有「以我為尊」性質，故此，當紫微星系居事業宮，便有完全為滿足工作為至上，不惜犧牲自己的性命，也要完成使命。

這便是何以古人認為武曲守命的人，宜武職，宜為軍人武將。

因為，武曲為短慮，甚至會視完成工作使命為第一目標。對於作出甚麼犧牲，也不計較。

當武曲在三方會煞，其人對於要完成事業的執著心，便更堅持，更有不依正途、不擇手段性質。

當紫微與昌曲同持，即會削弱武曲的行動力，反會變成既有遠大的目標，卻反多顧忌，以致成拖泥帶水。

但在實際行動時，稍有障礙發生，其人卻又會顧左右而失措、猶疑難舉、悵惘和追悔。

當紫微有百官朝拱，相對於武曲守命者而言，則不自量力、有心無力、尾大不掉的性質反而增強，這情況更易生進退兩難之局面。

◉凡武曲星系守命者，其人子女宮必爲機月同梁星系，且必對拱天機或坐天機。

其中有深義存焉……武曲為短慮，相對來說，其子女便必比武曲守命的人來得靈活多變。

也就是說，逢武曲星系守命者，皆難以駕御其子女與親近的下屬。極容易出現自己的才華和智慧，不如下屬。縱或培養出稍有表現的下屬，亦多會因事而離去。

總之，必與下屬之關係不悠久，亦必與子女不協調。故說武曲一星為寡宿，即使其人怎樣努力，也多與子女有重大刑剋。

能夠調和子女的刑剋，便是子女宮有左右相夾或左右同持之組合。惟如是，才可減輕武曲守命與子女宮格格不入之鴻溝。

⊙凡武曲星系守命者，其人財帛宮必爲廉貞星系。

廉貞為注重精神滿足的星曜，當廉貞居財帛宮，便主其人不會斤斤計較工作上實質金錢的回報，反會追求工作過程中的滿足感。滿足感是純個人的親身感受，旁人是無法理解其人的箇中滋味，亦不能明白其人的價值觀。

因此，當武曲星守命，若福德宮有恩光天貴，這些帶私隱性、服務性及殊遇性質之星曜，則星情便更偏於滿足一己之心頭慾望。而那種滿足感，帶有他自已才會這樣做的性質。

其人注重精神享受，不會去計較工作上實質金錢回報之性質，便更加嚴重了。

是以可一言以蔽之：廉貞居財帛宮，不望實質回報，較著重精神上的回饋。

故此，武曲一星為短慮，也暗指其人過份專注在任務上，不介懷報酬的合理與否。

以致，凡武曲守命便有過份投身於任命，失去理智的傾向。

⊙凡武曲星系守命者，其人疾厄宮必屬機月同梁星系，且與太陽關係密切。

凡機月同梁星系，最要看太陽或太陰是否入廟。

太陽入廟、吉化，則可吉化巨門及天梁，一旦太陽化忌，則已對巨門及天梁的破壞性加強。

其次，不利的情況，是與鈴星或陀羅同度，同樣會破壞太陽，也加劇天梁與巨門的刑剋性。

太陰入廟，則天機的浮動性，可得以穩定下來，同時會照的天同，也必積極起來。

故此太陽太陰之入廟與否，對武曲星系守命的人，有決定性的影響！

不但與武曲運勢的寡宿、短慮有關，且更與其疾厄宮帶刑剋不利的程度有關。

一般而言，「機月同梁」居疾厄宮，多與肝、胃、手腳有關。須更深入、仔細察看疾厄宮星系的組合，來幫助推算。

偏重於天機，則在手足、神經線、肝氣肝風，便較為吃緊。

偏重於太陰，便易生陽痿不舉、虛虧、腹實氣滯之患。

舉此二例，可知須兼察武曲守命的星情，是否帶剛剋不利，以助推斷。

◉凡武曲星系守命者，其人遷移宮亦必為殺破狼星系，且必與貪狼會合。

殺破狼為主動的開展、開創。

凡開創，皆宜具堅定的目標、清晰的分析，以及際遇之遇合。

武曲因不擅於精密之思考分析，其人短慮的本質，亦不可能由遷移，而變成具堅定的信念、目標，甚至擅於分析。

因此，凡武曲星要考慮其遷移宮之性質，**貪狼**一星之吉凶，有重大之影響。

貪狼此星對武曲星系守命者個人之才藝、平衡進退的選擇等，都有重大的決定性影響。

貪狼，須分定其傾重精神性、抑偏重物質性。越偏重物慾，則越成短慮。越偏重精神，則偏向決斷。

此點乃筆者雪地深居時，集結許多名人案例與實際所得出的個人徵驗。相信，對推斷武曲星系的研究，必有所幫助吧！

武曲之才藝，帶個人風格的特色，也屬個人經營性質。因此，肯定不利企業化。

除非是武將、屠宰公司、創辦公司。而江湖郎中、江湖人物之類，可憑個人獨特的形象、手法等，去吸引群衆支持。

但一般而言，武曲守命仍有格局不高，依憑基層群眾去支持的性質。

此乃武曲一星帶刑剋性之故，雖富而不貴也。

因此，凡武曲星系守命者，要取捨遷移宮之吉凶，須視貪狼星之吉凶如何了。

◉凡武曲星系守命者，其人交友宮必為機月同梁星系，且與天同關係極深。

武曲星系守命者，已嫌其人生活較具局限性、生活圈子狹窄，故朋友不多，乃屬通病。

只有在兄弟宮、交友宮有左輔右弼，才主交友較多，助力較足。

由於武曲有寡宿性質，不擅交際、或過份投入工作，是其通病。

故此交友宮的機月同梁便更加強其局限性。

即是，武曲星系守命者，多缺擴大社交圈子的能力。因此，武曲守命者，其人好友必稀。而且，許多時是欠缺助力。

⊙凡武曲星系守命者，其人福德宮必屬殺破狼星系，卻與廉貞對拱。

凡殺破狼居福德宮，便主有一種頗強的拼搏精神。也主意志堅定得帶有鑽牛角尖的傾向。

因此，若星情偏頗，便難免有偏執、執迷不悟的特性。

武曲星系，其福德宮存在不少缺點－

如武曲星守命，其三方遇合以殺破狼為主，則福德宮必屬府相星系。

若武曲星系守命，以府相為主，則福德宮便必為殺破狼星系。

這樣的組合，一則以守成為主，一則以開創、改革為本。兩者互有矛盾，卻恰好是武曲星系命宮與福德宮之組合。

是以，也可以說凡武曲守命，其人個性常多疑豫不決、個性遲疑，並有優柔寡斷、三心兩意的性質。究其竟，乃是武曲守命並非成大事之人，欠缺成大事的決斷力。必須福德宮吉化，組合又奇，才能有獨特之才能表現。

⊙凡武曲星系守命者，其人父母宮必屬太陽星系。

太陽居父母宮，若落陷而無吉化，已帶頗重之是非與刑剋，加強了武曲守命者自身刑剋的色彩。

倘再有太陽化忌，或原局，或童運，決主刑剋父母，不利。

只有太陽居父母宮吉化，或入廟有力，方可化解其刑忌。

有時，落陷的太陽而有吉化，便可減輕其人對於父母的刑剋。但仍有「軟剋」性質。

即主富而不貴，或即使數代纓簪之家，到此代必終止不繼。

或服務的機構，有著獨特的厚待，但必逢交惡反目，彼此陌路之時。

這便是武曲一星為寡宿之由來！

小結

凡武曲星守命，帶行動取財性質。

因此，加強其個人進財的手段，以及認清潮流大勢所趨，去謀取合潮流、合社會所尚，十分重要。偶然，遇合潮流所尚，在大運中便可以一發如雷。但仍有雖富而不能貴，及富不及三代之說。現今社會重視功利，且連爵位亦可用金錢買回來。故此，富不能貴之說，已不能成立。

而且，社會模範轉營，造成暴富至可敵國的機會也多了許多。

因此，從前以手藝進財、持利器以求財的卑下進財觀念，已不合時宜。

如武曲星系，本主手藝。

若會上空曜，便有突破前人、反傳統而創造之性質。凡財星，皆怕空曜，只有武曲財星是特例。斗數中有「金空則發」，「金」便是指武曲。

再加上龍池鳳閣，或帶才華的星曜，如天才文曜，便可能有創造出獨特進財的「創意」，因而飛黃騰達，可致巨富。

如寫出獨特的電腦程式，連軍事界人士都樂於採用之類。

甚至是，宗教騙徒、色情販子、走私販毒的，都可憑不純不正的手段，去達到財源滾滾而來。

而他們，甚至可以享有極奢華荒逸的生活！

故此，武曲的憑手段以進財，只要遇合逢時，便可憑此而得到極巨之富厚利益。

武曲有寡宿性質，其人六親都帶缺憾。

天同十二宮宮次圖

太陰 巳	貪狼 午	天同 巨門 未	武曲 天相 申
天府 廉貞 辰	一 天同在未		太陽 天梁 酉
卯			七殺 戌
破軍 寅	丑	紫微 子	天機 亥

廉貞 貪狼 巳	巨門 午	天相 未	天同 天梁 申
太陰 辰	二 天同在申		武曲 七殺 酉
天府 卯			太陽 戌
寅	紫微 破軍 丑	天機 子	亥

巨門 巳	廉貞 天相 午	天梁 未	七殺 申
貪狼 辰	三 天同在酉		天同 酉
太陰 卯			武曲 戌
紫微 天府 寅	天機 丑	破軍 子	太陽 亥

天相 巳	天梁 午	廉貞 七殺 未	申
巨門 辰	四 天同在戌		酉
紫微 貪狼 卯			天同 戌
天機 太陰 寅	天府 丑	太陽 子	武曲 破軍 亥

天梁 巳	七殺 午	未	廉貞 申
紫微 天相 辰	五 天同在亥		酉
天機 巨門 卯			破軍 戌
貪狼 寅	太陰 太陽 丑	武曲 天府 子	天同 亥

紫微 七殺 巳	午	未	申
天梁 天機 辰	六 天同在子		破軍 廉貞 酉
天相 卯			戌
太陽 巨門 寅	貪狼 武曲 丑	太陰 天同 子	天府 亥

天機 巳	紫微 午	未	破軍 申
七殺 辰	七	天同在丑	酉
太陽 天梁 卯			天府 廉貞 戌
武曲 天相 寅	天同 巨門 丑	貪狼 子	太陰 亥

巳	天機 午	破軍 紫微 未	申
太陽 辰	八	天同在寅	天府 酉
武曲 七殺 卯			太陰 戌
天同 天梁 寅	天相 丑	巨門 子	廉貞 貪狼 亥

太陽 巳	破軍 午	天梁 未	天府 紫微 申
武曲 辰	九	天同在卯	太陰 酉
天同 卯			貪狼 戌
七殺 寅	天梁 丑	廉貞 天相 子	巨門 亥

破軍 武曲 巳	太陽 午	天府 未	天機 太陰 申
天同 辰	十	天同在辰	貪狼 紫微 酉
卯			巨門 戌
寅	廉貞 七殺 丑	天梁 子	天相 亥

天同 巳	天府 武曲 午	太陰 太陽 未	貪狼 申
破軍 辰	十一	天同在巳	天機 巨門 酉
卯			天相 紫微 戌
廉貞 寅	丑	七殺 子	天梁 亥

天府 巳	太陰 天同 午	貪狼 武曲 未	太陽 巨門 申
辰	十二	天同在午	天相 酉
破軍 廉貞 卯			天梁 天機 戌
寅	丑	子	七殺 紫微 亥

五、天同

星情詳義

天同是陽水，為南斗第四星，可延壽，為福德之主，化氣曰福。

天同福星，乃益壽之星、保生之宿。於人命而言，多主人少年面白，老年微黃色。具有化祿為善，逢吉為祥之功。

天同表率為兒童，具白手興家性質。

所謂白手興家，即是由無，創造到有。或者原有，但遭受破壞，變成一無所有，再由自己中興和創造出來。

天同為兒童，為童稚，主享受及意志，因此抵抗力不足，容易軟弱和遭人取笑、欺凌。

天同，必會照太陰，故有追求美觀、或表面上完美的性質。稟性溫和、慈善，有機智、無激亢，精通文墨、心慈耿直。

但天同卻是喜歡享受和貪婪甚重的星，很易變成疏懶。不會為生活而勞累操心，日子總是悠哉游哉。

這情形，尤以天同不見煞星，再有輔助諸曜，最為明顯，容易流於軟弱和疏懶。其人過於注重眼前的逸樂，往往意志消沈，無心進取。

由於天同有幼童之性質，天真而無城府、隨遇而安、不與人計較，故此容易與人溝通，且很投入娛樂中去。

由於天同有如小孩的不耐，故有情緒不穩的缺點。很需要像大人呵護小孩般，對其加以呵護。這情形，即使年紀已屆中年、老年，亦不會改變。

天同亦重視感情，尤其是過去相識的人與事，很有緬懷過去的情緒。容易感情用事、過份婦人之仁，是天同與生俱來的缺點。

由於天同一般都不會心存歹毒，其人心地光明正直，故且一般都容易受人喜愛，或得到他人幫助。猶如易經中天火同人卦，與人和而同，故善於協調人際關係。

天同亦稱福星，卻是天同最大的缺點——

凡事必先經一番波折、擾攘，然後漸上軌道，慢慢努力興建，才漸見成果。其人過份天真、樂觀，不知道「死」的威脅，並非不怕死。

因為，最終的下場尚稱不俗，當事人便會忘記掙扎其間的苦辛，故稱為福星是也。

天同的福澤，不能不求自得，而是必經一番寒徹骨、經歷一番煎熬之苦以後，然後可以遇福。

是以，天同其實是辛苦命。具有益壽、消災、解厄之靈動力，卻也是先苦後甜的命。

人稱天同居十二宮中皆為福澤，實在是說在十二宮中，天同終能克服其缺點，甚至具轉危為安的功用而已。

天同的享受性質，絕非不求自得，一定要經過波折，始得好運；例如：白手興家，前半生必先經過頗多波折。

如見祿過重，必主白手興家，往往由家境盛極時逆轉，破盡祖業而後興，故必須留意其父母宮的星曜變化，看看能否有趨避之機會。

同時，天同亦主情緒，見祿重，即主其人生性懶惰，故祿重更不喜見輔助諸曜，否則更主其人依賴性極重，不圖上進，耽於逸樂而且意志單薄，容易受人引誘。

天同居十二宮位中，共有六種配合，但簡單來說，是受到三顆星垣同度或對拱時的影響。

於「子午卯酉」四桃花之地，天同與太陰同度或對拱，變為藏與富的影響，由是引申出來便變成豐富、細膩而又深埋骨髓的感情困擾，所以古人認為男命遇之，情緒不穩定，且感情豐富。

女命見此，則雖美而意志薄弱，為容易受別人引誘的格局。又以太陰同度於子午二宮時情況較甚，於卯酉二宮與太陰對拱時程度較輕。

於「辰戌丑未」四墓庫之地，天同與巨門同度或對拱，變為暗與是非困惑，由是引申出來便變成有隱衷而又不足為人道的感受。

若星曜組合見指背、飛廉、破碎、天月等星，則成背面是非，謠言紛傳的是非口舌，且往往由自己主動招惹及砌造出來。

若天同巨門星系見感情性星曜過多，則成為暗戀之徵，且往往自得其樂。其中以天同與巨門對拱於辰戌宮，為是非、困惑較重，而天同巨門於丑未同度時，為感情較深的結構。

於「寅申巳亥」四長生之地，天同與天梁同度或對拱，為原則、孤剋與激發的組合，但卻是感情困擾最深入糾纏和最具苦戀性質的組合。亦由此而引申為感情波折和刻骨銘心的回憶。是故若遇意志力不堪受感情折磨者，便往往會有自殺傾向，為最具危險的結構。但若能意志堅定，則卻往往可以由苦戀漸漸轉為戀情明朗，甚至終成眷屬，此即天梁之帶災難性，而天同之帶福澤的性質而來。

以寅申宮苦戀性質較重，而漸傾向明朗方面也較多，巳亥二宮的苦戀次數較多，也易傾向浪蕩和淫濫。

⊙凡天同星系守命者，其人兄弟宮必屬殺破狼星系，對拱紫微。

紫微斗數十分重視**互相觀察**，和**互相比較**。

如大運比較原局，大運又與流年去比較，視其行經不同的原局，大運與流年的四化、流曜的沖入，構成不同面目的斗數盤，這便是複雜多變的命運指南了。

天同有**怕事**，像孩童般的本質。這正好反映出其人兄弟宮的**橫蠻**，帶**侵凌性**的性質。

即使天同守命者，成「馬頭帶箭」，其兄弟宮亦有橫蠻、開創、認真工作的本質。

縱使天同與羊刃同持，已有頗強烈之開創特質，其兄弟因有不受**駕馭，與對外開創**之特性，故主其人與工作上的合作夥伴，不咬弦。

而且，在許多方面，突顯其兄弟宮會主動地提出挑釁。

除非，其兄弟宮是丑未二宮的天相對紫破，或屬巳亥二宮的天府對紫殺。

這些組合，反抗性和對立性較為溫和，比較容易接受和遷就。

倘如天同命宮不遇煞，則煞星必落在殺破狼星系裏，也必使其兄弟宮帶煞。形成兄弟不合作，同事也較難長期合作。

尚幸，天同有容易與人溝通的特質，雖然工作上或生活上較少知心朋友，與兄弟姊妹間的助力也很少持久維繫，其人仍可以很容易與陌生朋友溝通，不會寂寞。

⊙凡天同星系守命者，其人夫妻宮必屬機月同梁星系，而夫妻宮必對拱天機。

即本命的事業宮必屬天機，卻直接影響到本命的夫妻宮。

機月同梁星系居夫妻宮，不喜見煞，亦不喜見祿。僅喜會合化權、化科或文曜。偶爾變景成格，亦嫌波折較煩。

也正好反映天同守命，任由困難發生、常處被動的基本本質有關。

（天同成格，如馬頭帶箭之類，或煞星會入成激發，始主主動，此點應該注意。）

天同星系守命者，已具喜受人照顧和喜受人重視性質。當夫妻宮之機月同梁星系不見煞，便甚有互相依靠、互相拖累性質。

假如，兩夫妻甘於平淡生活，無疑這也是甚佳的配合。

倘如夫妻宮助力的星曜甚衆，而天同不會煞，反主夫婦二人互相過份依賴，不懂互相激勵，反成互相拖累，感情漸淡。

當遇上大運煞忌交併，往往是失婚之時。

因此，凡天同星系守命者，不論其夫妻宮之星曜組合如何，只要天同三方不遇煞，便主婚姻不美。此乃觀察天同星系守命者時，看其人夫妻宮之吉凶，必須看天同此星之本質，再去衡量其六親感情之吉凶。

此乃斗數中較特殊的推斷心法。

◉凡天同星系守命者，其人子女宮必屬廉貞星系。

廉貞為次桃花、帶輕鬆、玩樂性質。帶精神享受、政治和交際之基本性質。以天同的陽水調劑廉貞陰火，得水火既濟，陰陽調和。

而天同是需要人呵護的星。

天同星系守命者，即使是馬頭帶箭、與煞同持，形格上略帶剛陽之氣。

但由於自己需要人呵護，故子女宮的廉貞，便顯得更具輕鬆、帶政治手段的交際性。

往往是子女最容易與父母親溝通得甚佳的組合。也必主其人甚重視子女。

因為廉貞一星帶血緣、感情的牽制甚重。

由於重感情，故天同守命的人，對自己的親生子女往往便甚有偏頗，不夠公允。

這情形，尤以家中有三數兒女，自己必會厚待其中一個，而且偏心態度，非常之鮮明。

尚幸，由於子女宮是廉貞，除非煞忌空曜偏聚，否則，其人的子女必然甚具孝心，而且感情和好。

廉貞為次桃花，帶浪漫、藝術、不羈性質，故宜在藝術、美學上有所發揮。

但廉貞居子女宮的缺點，是子女帶藝術家脾氣和執著。偏要天同守命的人，多勞心力去諄諄善誘。這時，便更顯出天同守命者，性格上柔和的一面，以及天性喜歡小孩子的一面了。

◉凡天同星系守命者，其人財帛宮必屬機月同梁星系，且必對拱太陽。

天同星系守命者，福德宮必為太陽星系。太陽為助人之星，好施與。

故此，天同守命的人，多屬不斤斤計較，他們對於金錢上的追求，亦復如是。有點隨遇而安，不求發達，因循苟且的求財態度。

（除非其人屬成格的馬頭帶箭，則不在此限。）

機月同梁星系，開展力不強。除非太陰入廟有力，此天同才主冷靜、沉實。可循理想，逐步努力奮鬥，而有所成就。

但天同守命者，最喜左竄、右突，以致未能全心全意地埋首工作，這也是孩子氣的表現。

天同的財帛宮，即使見吉化，亦不能有所奮發。反主更多嘗試和半途而廢。一定要財帛宮坐煞，則激發之力，始顯。

◉凡天同星系守命者，其人疾厄宮必為殺破狼府相等星系，且必對拱武曲。

殺破狼俱主金屬創傷，及撞擊意外。

當天同會合文曜時，其疾厄宮亦帶文曜性質，轉化成為被紙割傷、被木刺戳傷、神經性腫瘀等等，俱屬。

當天同會不上文曜、或僅會煞，此殺破狼便變成猝來的創傷。

如撞車、摔傷、打傷……。即帶來較為鮮明、強烈的創傷，且多與速度有關。

當疾厄宮為府、相星系，其人多主胃病、十二指腸潰瘍等。

鈴星會合，則又可能變成膽石、腎石、尿石或牙石。

端視三方會合與本宮之星系組合而定。

故此，文星會入天同命宮，連帶疾厄宮的性質，也有很大的改變，甚至是，截然不同的尅應。這是推斷斗數的心法，也就是觀察天同此星的法門之一。其餘星曜，亦倣此而論，不贅。

⊙凡天同星系守命者，其人遷移宮必屬「機月同梁」星系。

天同喜遇煞，才主蹈厲向上。然而，機月同梁，卻甚畏不同的煞星。這點很值得留意——

如**天機**，主變化不定，不宜再見羊刃、火星與天馬。否則，更主虛幻不實。

太陰，畏羊陀。入廟則情況較輕。

天同，畏火星。主歷煉得甚劇。

天梁，不宜與陀羅會合。主慵倦、推搪。

當天同守命，其人必須會煞，才能積極。

但要細察所會合的煞星性質，才能科判其遷移宮星系的吉凶大概。

◉凡天同星系守命者，其人交友宮必屬紫微星系。

天同為享受、容易遷就他人之星。卻偏偏交友宮為紫微星系，交友宮的星曜比自己命宮星曜更為強烈。這時，若天同自身煞曜較重，則自己反成卑躬，向友儕奉承。

或者，當風雲際會，交上極順遂運勢時，天同守命者得享富足，卻發覺友人卻無故疏遠。

當煞忌交侵在交友宮的紫微星系上，便成惡奴欺主，很易遇上出賣自己的下屬。

而自己卻有以和為貴，或見祿星而成怕事、懦弱，被人欺凌性質。

一般來說，紫微星系在交友宮，是強奴滅主。

不宜有委託、提拔親信或心腹，而任其坐大，終有一日，天同守命者必遭好友、親信、或得力助手出賣或欺凌。

這一點，凡天同守命者，必須留意。

天同守命者，由於福德宮必為太陽星系，其人有任何事必向好的方面去想，不戒於懼。

即使遇上心腸歹毒、手段奸邪之人，仍會姑息，有任由惡事更加惡化之傾向。

因此，在後天要鋤奸為先，防患於未然，此點不可或忽。即是慎謀能斷，害人之心不可有，防人之心不可無。

◉凡天同星系守命者，其人事業宮必爲天機星系。

天同為情緒之星，受六親影響頗深。以致要審定其工作能力，也會與配偶的激勵、助力，最有關係。機月同梁為大機構工作之組合。

倘如夫妻宮的星曜跟事業宮的星曜，兩者不一致的話，反而可以有所激發。能令天同守命的人，較少鬧情緒，可以專注精神在工作中，使成就增大。

如果夫妻感情依賴性甚重，則反而成為連累、拖累，日後的事業成就也更小。甚至，有受掣肘之虞。

明白這個基本性質，則知道天同守命，若論議其人事業之性質，便主其人之實際執行力甚弱。

而且，若命宮之根基虛浮，即使天機之性質穩定，也會因循苟且，影響發揮。

天同星系守命者，頗具情緒，這是由福德宮太陽主對外、發射有關。

即使觀察其人之事業宮，亦同具此意義。變成起初冷淡，至投入工作時，非常積極。

到一段時間，便很想退出，工作毫不起勁。更加毫無靈活和計謀可言了。

是以，天機星系居事業宮的變化，以天同守命者而言，多由情緒變化而來，不由環境和進取改變而生變化。

◉凡天同星系守命者，其人田宅宮必爲殺破狼府相星系。

凡殺破狼居田宅宮，以天同守命者而言，俱主「退祖」。即是不容易憑自己的努力，去買置田宅房產。

這是由於命宮之天同星情比較柔弱，無法負荷田宅宮殺破狼的主導變化之故。

這情形，以同巨及天同獨坐卯酉時較為吃緊。這時，更需用玄空風水去改運佈局。

倘若田宅宮是府、相二曜，則較為穩定，較容易以租賃形式來擁有田宅，再漸漸由微資積累下購置物業。

天同為福星，若論田宅宮之組合，決主不宜自資經商，因有會合殺破狼主變動、挫折、爭奪之性質。且天同星系守命者，不擅執行之故。

是以，天同星系守命而行經殺破狼之大運，多主命逢變革，而自己所處的居住環境，往往有舊地重臨，和與舊人事有相關的田宅變化。

這種徵驗，至今仍然甚具準繩。尤其田宅宮會上祿星，尤確。

古人認為天同守命，其人是敗家之人，故多稱為破祖而後中興。這是根據其人的田宅宮是殺破狼星系而言的。

倘其人田宅宮是府相星系，僅主其人不會繼承家族生意而已，不代表其家族生意會退敗，此點，不可不知。

◉凡天同星系守命者，其人福德宮必爲太陽星系。

一般評價天同星守命者，均說天同性情溫良、心地慈厚、稟性耿直。亦認為天同能一生快樂，無怨無悔。

其實，必須視其福德宮之太陽，始可言其情性。

由於太陽具施予性質，只會招人妒忌，甚少做出妒忌別人之事。

因此，古人說天同守命之人，大方、無殺傷力、樂於助人、喜與人親近，能快樂地付出真誠去助人。此說，實源出福德宮。

福德宮之太陽星系，甚重視其入廟程度。這些評價，對天同星系守命者之**先招災困**的嚴重程度，最為重要。

福德宮發放性太甚，反主內心空虛，經受不起外間的誘惑，容易有感情上的波折。

福德宮**會祿**，主天同守命者感情豐富。

太陽愈見**失地**，天同的福澤愈加來得晚。即是其人面對的困難與波折，也較大較為艱難。且內心多忙多累，不得安閒。

福德宮臨巳、午二宮之太陽，為乘旺。天同星系守命者，其人頭腦思想便越簡單，思想敏快。雖主聰明，卻並非智慧，這個徵驗，至今仍甚有準繩。

◉凡天同星系守命者，其人父母宮必屬武曲星系。

武曲一星為寡宿，於六親宮垣，俱屬惡曜。

天同為感情細緻，和需要別人呵護之星。

而武曲卻帶剛強、剛毅與果決性質，故若以天同的孩子氣性格來說，便嫌其父母處事剛強，缺乏體貼和忍耐。

武曲一星為寡宿，有立場堅定性質，與天同的柔弱和柔靡，互不相襯。

因此，便出現天同守命的人，自以為父母對自己的呵護不足，而且必與父母有代溝。亦正因如此，其人便會向別人付支熱愛以平衡內心。甚少能有雙親與天同守命的人，感情融洽的情形。

除非天同的父母宮吉化有力，則天同守命的事業成就減弱，與父母反而會感情較融洽。

有時，其父母宮的武曲，會上左右，則父母與己的感情，自能較為融洽，但卻又主其父母的成就，略為平淡。

倘如武曲居父母宮煞刑過重，則天同守命者，必早年不值父蔭，或父母長輩的家業崩敗，此即所謂退祖自立的命格。

總括而言，天同是白手興家之命，這與天同的父母宮是武曲星系坐守，甚有關鍵。

小結

天同為斗數中的福星。其福澤可謂全憑福德宮的太陽之性質，施而不受的本質有關。

因此，天同便有不去計較得失、大方、有風度、有氣量等。除非太陽之宮垣失地、煞重，其人始會計較得失和缺乏積極進取。這時，也主意志薄弱。

天同此星須在三方會煞，其人始主積極、向上進取。因此，天同在原局會合的輔助吉曜太多，反致傾向慵惰和不求上進。

評價天同星系守命者，此點必須緊記。

其人父母宮必為武曲星系，偏教武曲一星居六親宮垣，俱為惡曜。當武曲遇煞忌沖疊時，刑剋猶厲。

也主天同星系守命者，甚少得受雙親的蔭庇。要不然，彼此便是情深緣淺。

天同星系守命者的田宅宮必受廉貞射入，因此在某程度上，有專注田宅享受的癖好。

一般廉貞吉化，多主潔癖及田宅齊整。以福德宮巨日、陽梁之星系吉化、有力，最有潔癖傾向。

天同之事業宮必為天機星系，主在年少時候已甚多不同興趣。卻只是三分鐘熱度，缺乏堅持和耐性。這點，在評價天同形格上，有決定性的影響。

其交友宮必為紫微星系，故一生所遇，俱為比自己強之友人。也主自已多為友人及同事而奔忙。交友宮煞忌重，可因友而受拖累。

整體來説，天同之福澤，是自求多福，屬於自己怎樣去創造而得到的福。怎樣學得由思想去釋放自己，是天同星系應該追求與學習的事。不要以為多會輔助吉曜會對天同星系守命者有所幫助，此星會上輔助之星，會變得懶散，不去爭取；太協調、太好享樂，會令其人不事生產，導致作息時序大亂，影響事業發展。

如何自求多福，自我增值，至為重要。此乃天同星系守命者最要經常留意之事。

廉貞十二宮宮次圖

一 廉貞在辰

太陰 巳	貪狼 午	天同 巨門 未	武曲 天相 申
天府 廉貞 辰	廉貞在辰 一		太陽 天梁 酉
卯			七殺 戌
破軍 寅	丑	紫微 子	天機 亥

二 廉貞在巳

廉貞 貪狼 巳	巨門 午	天相 未	天同 天梁 申
太陰 辰	廉貞在巳 二		武曲 七殺 酉
天府 卯			太陽 戌
寅	紫微 破軍 丑	天機 子	亥

三 廉貞在午

巨門 巳	廉貞 天相 午	天梁 未	七殺 申
貪狼 辰	廉貞在午 三		天同 酉
太陰 卯			武曲 戌
紫微 天府 寅	天機 丑	破軍 子	太陽 亥

四 廉貞在未

天相 巳	天梁 午	廉貞 七殺 未	申
巨門 辰	廉貞在未 四		酉
紫微 貪狼 卯			天同 戌
天機 太陰 寅	天府 丑	太陽 子	武曲 破軍 亥

五 廉貞在申

天梁 巳	七殺 午	未	廉貞 申
紫微 天相 辰	廉貞在申 五		酉
天機 巨門 卯			破軍 戌
貪狼 寅	太陰 太陽 丑	武曲 天府 子	天同 亥

六 廉貞在酉

紫微 七殺 巳	午	未	申
天梁 天機 辰	廉貞在酉 六		破軍 廉貞 酉
天相 卯			戌
太陽 巨門 寅	貪狼 武曲 丑	太陰 天同 子	天府 亥

天機 巳	紫微 午	未	破軍 申
七殺 辰	七 廉貞在戌		酉
太陽 天梁 卯			天府 廉貞 戌
武曲 天相 寅	天同 巨門 丑	貪狼 子	太陰 亥

巳	天機 午	破軍 紫微 未	申
太陽 辰	八 廉貞在亥		天府 酉
武曲 七殺 卯			太陰 戌
天同 天梁 寅	天相 丑	巨門 子	廉貞 貪狼 亥

太陽 巳	破軍 午	天機 未	天府 紫微 申
武曲 辰	九 廉貞在子		太陰 酉
天同 卯			貪狼 戌
七殺 寅	天梁 丑	廉貞 天相 子	巨門 亥

破軍 武曲 巳	太陽 午	天府 未	天機 太陰 申
天同 辰	十 廉貞在丑		貪狼 紫微 酉
卯			巨門 戌
寅	廉貞 七殺 丑	天梁 子	天相 亥

天同 巳	天府 武曲 午	太陰 太陽 未	貪狼 申
破軍 辰	十一 廉貞在寅		天機 巨門 酉
卯			天相 紫微 戌
廉貞 寅	丑	七殺 子	天梁 亥

天府 巳	太陰 天同 午	貪狼 武曲 未	太陽 巨門 申
辰	十二 廉貞在卯		天相 酉
破軍 廉貞 卯			天梁 天機 戌
寅	丑	子	七殺 紫微 亥

六、廉貞

廉貞為陰火，北斗第五星，司品秩與權令，化氣曰囚，又名囚宿。

星情詳義

廉貞為政治之表率，具交際手段，為次桃花。

斗數中廉貞與貪狼，為對星。一貪一廉，但意義迥異。貪狼之桃花，是光明正大的酒色，故有如狼似虎的貪求渴望。

廉貞之桃花，是風流而不下流，偏近風趣、幽默。說其為次桃花，實質上具廉潔自守的意味，是類桃花而已。

由於廉貞有精神的性質，故顯示出來便帶高雅和高尚的優雅特性。

廉貞此星帶**手段性**，故顯示出來是娛樂、輕佻。

但這只是表面如此，廉貞的貞字，正是不受污染的代表，故其人處事，往往態度嚴謹，按本子規章辦事。

因此，不要以為表現得輕佻浮躁的廉貞守命的人，可能是不依正道的人。實際上，他們處理事情時大多會一板一眼。

廉貞為血，血即血緣，故又類象為感情。

因此，廉貞若**煞刑忌重**，便主有刑戮之凶，甚至命遭不測之事。

此星化氣為囚，倘如煞忌疊至在其人的遷移宮中去，便有紙醉金迷及流連酒色之應。

廉貞的事業宮，永遠是武曲，財帛宮永遠是紫微，因此整個星系的開展力，比自己的命宮更強。

是以，廉貞主勞心和勞神，也主多思多慮。

尚幸此星具精神享受之特性，在心神虛耗間，可憑藉寄情於工作或交際應酬中，其人亦不以為苦。這正是一種以忙為充實，以忙為樂的人。一旦閒靜下來，反而會多生胡思亂想之事。

若是**刑煞耗**與**解空**之星遍聚，便主內心苦悶和精神空虛。其人的內心甚為脆弱，當行經感情挫折之流年或大運，便極容易有自殺傾向。所謂解空之星，是指解神、空曜、天馬等。

這情況，以廉貞與空耗之星居於**福德宮**時較為嚴重。

廉貞，主精神。若天月、陰煞、鈴星等會合，星情偏近陰沉，則相格亦必帶怪模怪氣，甚至是陰森可怕。

廉貞主精神，精神為抽象、較難捉摸之物。因此，廉貞之吉凶性質，也較難準確地掌握。

廉貞在斗數中為次桃花，凡桃花必帶敏感的性質。而殺破狼的星系則主劇變，故此可以想像出廉貞是一顆帶劇變的星，很容易因為極小的機緣，而產生各種巨大的變動。

而且這些變動，多數是廉貞主動去改變的。故此，必須衡量當時遇到的時局趨向如何、其人所行的大運喜忌，以及原來命宮的基本星情，甚至是流年時三方四正會照的星情如何等，一一較量，始能夠推斷得準確，從而得知發生變化的趨勢屬於有利抑或敗局。這便是因為廉貞是一顆帶劇變的星之故。

廉貞**見祿**為清白，即引申由原來注重精神性的廉貞，有祿（利益）來緩和空虛不實的本質，不致有幻想、空想、奢望，使個性得以穩定，這是廉貞喜見祿之原因。

也就是說，廉貞不見祿，其人輕浮。見煞，輕浮尤甚。見祿之廉貞，其人較為務實。

因此，見祿為清白，即不輕易再受外界動搖和引誘，而產生心猿意馬了。

昌曲會合之廉貞，其人有禮教束身，至少在言教上較有節操。故廉貞喜見文星是也。

不見文曜，偏遇煞星，則廉貞便帶有浪蕩意味，有浮蕩暴躁性質，且性格亦帶心性剛硬和不拘小節。

⊙凡廉貞星系守命者，其人兄弟宮必屬機月同梁星系，對拱必爲太陽。

必須視太陽之入廟與落陷而評定。

倘如太陽乘旺，則太陰亦必入廟。

太陽落陷，太陰亦必失地。這是一般的情況。

只有丑未二垣，為例外。今先說一般之通則——

廉貞守命，其兄弟宮有一半情況是無主星，須借對宮之星系來安宮。這情形，已主關係稍帶複雜。

廉貞不見祿，如兄弟宮多見祿，如是，即可推知彼此關係冷淡。

如廉貞不見祿，其兄弟宮更不見祿，即使無煞忌會入，也必主骨肉分離，彼此無緣。

而廉貞守命，兄弟宮之組合，必屬陽梁、日月及巨日等三大星系。

陽梁，主別離，即有同住卻少見面，或關係疏離之特性。

日月，主失平衡，彼此關係忽明忽暗，決非坦誠率直的組合。

巨日，為口舌、勞心。不斷產生矛盾，彼此易生誤解。

因此，只有太陽入廟，以上不利的情況，才能緩和。

由兄弟宮性質，亦可揣知其人之人際關係，因為物以類聚之故。

兄弟宮不利，其人之人際關係欠佳，也主事業易招失敗。

因為廉貞是交際手段之星，若連拍檔、合作之夥伴都無法靠攏得持久有力，則影響廉貞之發揮，以致難有發展了。

因此，廉貞見祿，或兄弟宮會合之太陽入廟，或左右會合，都可以使廉貞守命的人，得到友儕的幫助，而對其人的成就高下有直接之影響。

推斷廉貞一曜，此點不可不知！

◉凡廉貞星系守命者，其人夫妻宮必爲府相殺破狼星系，對沖必爲武曲。

這個組合，甚有矛盾。

當廉貞與府相同度，其人命宮之星系組合，局面穩定，但夫妻宮卻是開展力強，充滿變化，且帶無情義的決裂性質。

當自己命運轉歸平淡，往往在感情上卻多生變化。

而廉貞與殺破狼同度，則夫妻宮反而一片安定。

除非煞忌交侵，否則仍主夫婦感情安穩，只欠缺姿彩而已。

廉貞是追求精神享受之星，當夫妻宮平穩，除非廉貞守命有昌曲去束身約心，否則便多主配偶感情苦悶，諸多怨懟。

對拱之武曲，若刑耗性質較重，便帶妻奪夫權意味，也主悍婦當家。這情形，尤不利婆媳之相處。

這情況，以廉貞府相星系守命，最為吃緊。

廉貞對煞星甚為敏感，連帶夫妻宮亦會牽涉囚殺挫折的意味。因此，廉貞星系若遇煞忌，則夫妻感情亦多有缺憾與挫折。

⊙凡廉貞星系守命者，其人子女宮必屬機月同梁星系，對拱必為天同。

廉貞為對外交際之星，此星擅長娛樂和與人周旋，善於處理人際關係。

相比較之下，其人之下屬與子女，便稍嫌保守，內向和不夠開放。

此乃斗數中，互相衡量比較之法。

凡單星獨守，有肯定之意義存在。因此，若天同獨坐沖入子女宮，以廉貞星系守命之人而言，子女必較為懦弱、怕事。

由此引申，其人在工作上，必遇退守、怕事之下屬心腹，致令廉貞守命者在工作上較為勞心、奔波。

更遇煞星，廉貞星系守命者倍加艱辛。

若煞星在其人子女宮之三方，便主難得有助力之下屬。也主子息微薄和子女的成就不突出，彼此緣份亦有不足。

機月同梁居子女宮，必須太陽得力，其子女才主吉化，此點宜多注意之。

否則，即使成陽梁昌祿，仍帶有內向怕事，甚至鑽牛角尖或致自閉之情況。這情況，以廉貪星系最要注意。

⊙凡廉貞星系守命者，其人財帛宮必爲紫微星系。

廉貞一曜，甚注重精神享受，以滿足其人情緒為主。

因此紫微帝星居財帛宮，卻不主重視財物。

帝星居財帛宮，僅主能應付日常開支而已。

是以，若遇上須開創或不穩定之星曜，肯定艱苦中進財，有勞心神之應。

更見空耗，乃國庫虧損、亡國頑徒之象。

因此，紫微星系居財帛宮，僅主中飽。

除非祿星疊來，更見左右，主財源不止一處，可得積厚。然而，亦須勞心勞力地奔走。

若紫微居財帛宮，有百官會入，則主其人不慮財帛，但仍不主大富大貴。

因為廉貞一曜，是帶有政治色彩，是精神享受。其人不會過份專注在金錢上，反會注重精神的昇華。

即使有百官朝拱的帝星在財帛宮，僅主財政穩固，絕非大富之命。

◉凡廉貞星系守命者，其人疾厄宮必為天機星系。

廉貞重精神，因此其人疾厄宮亦帶精神性。

天機不見祿，便主精神。即主神經線、過敏、神經衰弱、失眠、內分泌失調，由精神緊張而引致的陽萎等，均屬之。

廉貞，是陰火。

因此天機遇上火鈴，有時亦主肝風、肝火旺盛。由是而引起頭昏、耳鳴、驚風等症，亦主經期不穩定、神經衰弱等。

如命宮鈴星、陰煞、大耗會合，其疾厄宮又有過敏、衰弱，主其人遇鬼或疑心生暗鬼。

此即是由命宮之星情，兼看疾厄宮反映身體健康狀況，而推斷出來。

有時更要參看福德宮，看是否穩定來推算。

無論如何，凡廉貞星系守命，很多時都會過份敏感。尤其天氣轉變時，最易有流行時疫，此乃廉貞主政治交際、天機主變化之類象，互相推揣出來的答案。

⦿凡廉貞星系守命者，其人遷移宮必爲府相殺破狼。

廉貞，有囚殺意味，而遷移宮即牽涉外地旅遊性質。殺破狼有主動、急劇變化性質。

如果遷移宮煞重，便主易生「路上埋屍」之凶險。

是以，若廉貞守命之人原局的命宮已煞重，或不見昌曲及祿星，則囚之意味已甚強。

容易有過份執迷、不知危機四伏之性質。如再加上遷移宮煞忌交併，則十分凶危了。

廉貞之直線宮垣，即遷移宮及其三方，是決定廉貞會否犯路上埋屍之著眼處。

因此，評斷廉貞一曜，有否帶囚殺意味，十分重要。

廉貞為血，即著重感情。

因此，若其遷移宮空煞刑耗交集，便主其人寡情。

如是，所招來的意外，也更激烈和急速。是以，廉貞此星，定其有情抑無情，於遷移宮會否有意外，這點十分重要。

⊙凡廉貞星系守命者，其人交友宮必爲太陽星系。

太陽入廟，則主其人所結交之友人，多為格局大，具權威，或多公眾人物。

是以，廉貞星系守命者，其人結交之人物上格，自己因此也必趨上格。

倘如太陽失地無力，主其結交之人物，多屬小範圍、細小格局之人，即小人物，也主其人自身也為小人物。

由此交友宮之情況，亦可反映廉貞守命之格局大小，與成功之機會。

其實，亦可概而言之，凡一個斗數盤，其人之太陽太陰入廟，則其人成功的機會便較大。而且，格局亦必然較高。

倘如太陽失地，則所交之友人多有拖累，或助力微薄，連帶影響廉貞星系守命的人，也有限制和助力微薄。

由此例，可證諸所有之斗數盤，皆可引申為太陽入廟，則整個斗數盤必高一線！

甚至，大運行經太陽入廟之宮垣，其人的遇合也必稍高檔次，因而整個運限也高上一線了。

此乃雪濤多年在雪地深居，研究紫微斗數時發現之獨特看法。屢經多年反覆引證，確然可信，故昭示於此。

願後之來者，能在此見地上，更廣深地加以鑽研，為未來之研究人士，有更多之啟導！

太陽的基本意義是施主，主發射。交友宮之太陽發射和付出，是依廉貞守命之人而言，也主太陽越入廟，其人得自朋友之助力，便越大。

太陽失地，仍有付出與犧牲性質，以廉貞守命者而言，其友人多屬重信諾與道義的人，即使助力不足，但必屬真誠付出，不計較代價。

◉凡廉貞星系守命者，其人事業宮必為武曲星系。

武曲為行動之星，為寡宿。

即是說，凡廉貞守命者，其人在工作上會先行動，後思索，有衝鋒陷陣的性質。而武曲有局部專注和局限範圍之本質。

因此，在廉貞守命來說，其人手段圓滑，有面面俱圓性質。

其實，其人真正的才能，唯其專。

因此，只要廉貞會祿，其人便能專一發展，事業之表現，便更紮實和專業。

假如會上科星文曜，固然廉貞得禮樂去節約身心，但以成就來說，卻與武曲星情不契，變成模稜兩可，文不文、武不武。

遇煞，則廉貞過份敏感，武曲也更躁決，因此便變成魯莽、偏激。

由此可知，可憑事業宮的性質，推知一個人之命運與性格。

亦可由福德宮之星情，推算出未來之命運與其人之性格。

端此，可知推算斗數，必須要打破十二宮垣之樊籠，因象推類，才能掌握得準確。

也是說，廉貞守命者，其人的事業由命宮所遇合之星系來決定。

武曲有持利器以求財之性質。言為兵，可一言以敗國，亦可一言而興邦。

因此，若命宮之星系具有地位，而父母宮具有政治機關性質，其人始能具外交才華。

否則其交際手段，因武曲星系遇煞忌，其人所發揮之才華便越狹小，是以成就與局面就越少。

只有偏向更專一，其人成就才能更大。此乃評論廉貞一星的獨特之點。

武曲一曜，有手停口停性質，因此凡廉貞星系守命者，其人亦必須另闢專業學識，以待日後中晚年時生活可保。

◉凡廉貞星系守命者，其人田宅宮必為天同星系。

整個天同星系，即機月同梁系，本身已帶有局限性、因循性。但同時正是使用陰謀和機關百出之特性。

廉貞之手段，帶文雅、活脫之交際性質。然而，卻是身處大公司之政治環境裡。

因此，凡廉貞守命，其人身處之公司，已經是互使陰謀，而身處其中，不得不使用交際手腕。

田宅宮變化越大，則廉貞之因應變化也越大。

相反，田宅宮若成固執不變之組合，或因循性質重，則廉貞守命者反會缺乏因變而變之才華，變得因循。

缺乏變化之機月同梁，即見祿存不見天馬。

天同居田宅宮，已主先破而後成。

越見祿星，則戀祿程度便越大，天同之退守自持性質也更大，便影響了廉貞整個命格之高低！

天同遇煞，才主競爭進步。

倘若田宅宮之天同會合煞曜，其人便是身處競爭、變化之環境裡，也主廉貞守命者的交際手段靈活，是以成就更大。

因此，可概括而言，凡廉貞星系守命者，其人田宅宮必為天同星系。天同星系煞重，其人生活便更多姿多采，變化與成就會更大。

◎凡廉貞星系守命者，其人福德宮必爲殺破狼府相，必對紫微。

當廉貞與天府或天相同度，其人福德宮便成七殺或貪狼，其開創性會較理智和穩定，而且局面也較有理性、漸變和局限，甚少會有翻天覆地的大改變。這點，與命宮組成的星系暗合。

也就是說廉府、廉相守命者，其人不會有太大的開創與改變。在改變過程中，也拖泥帶水，猶疑難決。

不到迫不得已，不會主動開展改變已有的關係和既成的局面。也就是說，較為被動。

然而，廉貞獨坐或與殺破狼同度時，其人福德宮亦有一半是殺破狼或府相，結果亦各有不同。

府相居福德宮，其人往往有泱泱大度的氣量，而且可邪可正，變化也較大。一般而言，多帶被動、被逼開創性質。惟略嫌其人個性過份審慎，偏近固執。

殺破狼居福德宮的廉貞，其人之交際手段由福德宮作主導，處事時可以更投入和更拼搏。但都有半途而變、野心更大的缺失。

廉貞為政治，野心大便易失足。不可忘記廉貞之所以成功，必須是風流而不下流，帶風雅性質。

一旦性質改變，變為野心，則易成卑劣而下流，則其命運必敗。

廉府守命，福德宮貪狼，交際而具節操。

廉貪守命，福德宮天相，交際而具政治。

廉相守命，福德宮七殺，交際而多追悔、較為孤立。

廉殺守命，福德宮紫貪，交際而不擇手段。

廉貞守命，福德宮破軍，交際而略無情義。

廉破守命，福德宮天府，交際而具守成，較為穩重。

◉凡廉貞星系守命者，其人父母宮必爲機月同梁，而必對拱天機。

機月同梁居父母宮，已注定父母宮的助力，不及自己的開創力。而自己亦多與父母、長輩有代溝。尚幸，廉貞是善交際、政治之星，即使其長輩、上司對廉貞守命之幫助不大，但廉貞可憑過人之交際手腕而得以自立。

小結

廉貞一曜，變化頗大。

主要是喜見文曜及祿星，但一遇上文星，則又會破壞武曲之剛直。

見祿星，又恐帶來桃花和致使其人因性加重，使其人沉醉於工作或冒險，失去理智。

廉貞遇煞，便帶浮躁，如是即整個十二宮每宮都帶浮蕩性，因為這是一個變化極敏感之星系。較之任何十四正曜的其他正曜都敏感。

因此，評斷廉貞，便較感困難。

然而，田宅主一個人運程之安定與否的反映，即使廉貞星系守命者之運程變化甚強，亦可憑其人之田宅宮，揣出一些徵驗。

此乃評價廉貞時，可由田宅宮看其人處於安定與否，比由福德宮窺看，更加直接有功。

陳雪濤作品

1. 天機妙訣　聚賢館出版
2. 星運佈局　聚賢館出版
3. 安星訣與星情秘法　鼎大圖書公司
4. 夫妻宮秘傳真訣　武陵出版社
5. 陽宅心要──天元五歌　武陵出版社
6. 山居手記　武陵出版社
7. 課堂講記　武陵出版社
8. 紫微明鏡《外篇》　武陵出版社
9. 紫微明鏡《內篇》上、下　武陵出版社

郵購書目	港幣定價	港澳地區郵購另加	海外各地郵購另加
10. 玄空風水講義	$1000	$120	$180
11. 陽宅宅斷真傳	$1000	$120	$180
12. 青囊四書	$2000	$250	$300
13. 飛星賦秘授解	$1000	$120	$180
14. 福德宮秘傳真訣	$1000	$120	$180
☆郵購系列10至14項已售罄，暫不再出售，僅此致謝。			
15. 紫微斗數起星光碟	$500	$80	$120
（可印天地人盤，內有基本術數講義）			
16. 三元九運起星光碟	$500	$80	$120
（可起兼線及各運之飛星圖，內有風水入門講義）			

郵購以上書籍或產品，請以銀行本票或匯票劃付

FENG SHUI AND ZEWEI ASTROLOGY ASSOCIATION

16A GOLD KING MANSION, 7 TAI HANG DRIVE,

JARDINE'S LOOKOUT, HONG KONG

玄空斗數學會

香港渣甸山大坑徑七號高景大廈 16A 室　或

FENG SHUI AND ZEWEI ASTROLOGY ASSOCIATION

#P. O. BOX 868, 3517 KENNEDY ROAD, UNIT 2,

SCARBOROUGH, ONTARIO, CANADA

MIV 4Y3

聯絡地址及電話：

加拿大(416)4024219　香港：(852)23450317

手提電話(852)91226412　傳真：(852)25910852

詳情請瀏覽網址：http://www.zewei.com

E-mail : info@zewei.com

紫微斗數叢書

△紫微斗數十日通／陸在田
一書在手自學斗數十日通
平裝／32開／296頁／200元

△紫微斗數夫妻宮秘傳眞訣／陳雪濤
夫妻宮的各種組合及推斷心法
平裝／25開／360頁／450元

△紫微斗數流年速斷法／王士文
介紹簡潔的紫微流年斷法，掌握先機捷碼
平裝／25開／328頁／250元

△紫微斗數看投資策略／陸在田
掌握命運和投資致勝之道
平裝／25開／248頁／250元

△紫微斗數看偏財橫財運程／謝天詮
掌握命中偏財橫財運程，待機而富
平裝／25開／272頁／250元

△陸斌兆紫微斗數講義評註／陸在田
單星分述十二宮與組星評比
平裝／25開／512頁／450元

△紫微闡微錄之課堂講記／陳雪濤
廣泛釋術，各類玄學概有解惑
平裝／25開／316頁／450元

△斗數宣微／王栽珊
引申陳希夷舊說並訂正之，析明其奧理
平裝／25開／248頁／200元

△紫微斗數印證／潘子漁
見證斗數命理之眞理·簡單明析
平裝／25開／280頁／250元

△斗數乾坤〈考運篇〉／劉緯武
斗數賦文·活盤推演
平裝／25開／232頁／250元

△紫微斗數太微賦白話詳解／陳慧明
以淺顯易懂的白話文註解，並多方舉例補註
平裝／25開／256頁／220元

△斗數乾坤〈解盤篇〉／劉緯武
斗數賦文·活盤推演
平裝／25開／272頁／250元

紫微斗數叢書

△紫微八字批命實例／王士文
以易數為骨架・以斗象為表徵
平裝／25開／216頁／200元

△道家紫微斗數精義／張詠銘
斗數賦文詳解・新解
平裝／25開／224頁／200元

△紫微斗數（白話本）／佐藤文琴
透派秘本無師自通
平裝／25開／312頁／120元

△紫微斗數四化實證／郭文嘉
星曜特性及四化對全局的影響
平裝／25開／304頁／250元

△紫微斗數導讀入門篇／懺悔居士陳世興
易學紫微斗數進階必備入門寶典
平裝／25開／272頁／200元

△飛星紫微斗數／白鈍僧
以陳希夷的兩種紫微斗數為藍本參以經驗
平裝／50開／304頁／200元

△紫微斗數問事一秒鐘速判千金訣／明微居士
神奇快速的斷事訣要
平裝／25開／192頁／200元

△斗數四化深入／謝武藤
斗數用神為四化星逢四化見吉凶
平裝／25開／328頁／280元

△紫微斗數入門／鮑黎明
無論婚姻、事業、財運、健康100%命中
平裝／25開／208頁／160元

△高段紫微斗數玄機／張寶丹
瞭解命理定津，掌握命運契機
平裝／25開／240頁／200元

△紫微斗數全書／陳希夷
學紫微斗數必備工具書
平裝／25開／232頁／200元

△斗數秘儀今論／洪　陵
集各家論命之精華
平裝／25開／272頁／200元

紫微斗數叢書

紫微斗數叢書

△紫微斗數事業潛能分析／蔡正輝
特質分析與調適方法
平裝／25開／232頁／250元

△紫微斗數演繹／輔弼居士
匠心獨運之星命學創作
平裝／25開／296頁／200元

△高段紫微斗數／翰學居士
流年分析斗數立論推命切中
平裝／25開／232頁／200元

△初級紫微斗數／斗星居士
研究斗數最佳入門指導書
平裝／25開／240頁／150元

△紫微斗數精技傳授／乙德上人
由淺入深內容豐富
平裝／25開／256頁 1 ／160元

△斗數特訣／謝豐達
果老星宗與斗數十二宮研究
平裝／25開／184頁／180元

△紫微斗數全書命例考釋／吳明修
一〇〇餘條依起例法重新考釋
平裝／25開／432頁／250元

△紫微斗數精奧／潘子漁
推算一生富貴壽考婚姻事業
平裝／25開／304頁／280元

△紫微斗數實例分析／潘子漁
舉例解析斗數之眞妙義理
平裝／25開／384頁／280元

△紫微斗數研究／潘子漁
探討斗數之奧妙玄機
平裝／25開／368頁／280元

△紫微斗數看病／潘子漁
以斗數秘法偵察病理變化
平裝／25開／304頁／280元

△紫微斗數看四化 1 ／潘子漁
四化論法與衆不同
平裝／25開／400頁／280元